Nostradamus MAYA

2012

Grupo ROBIN BOOK

Barcelona - México
Buenos Aires

SPENCER CARTER

Nostradamus MAYA

2012

Más allá de la profecía maya del Apocalipsis

Traducción de Ernesto Frers

HIST RIA
enigmas
ROBINBOOK

HIST⊕RIA *enigmas*
R O B I N B O O K

UN SELLO DE EDICIONES ROBINBOOK
Indústria, 11 (Pol. Ind. Buvisa)
08329 - Teià (Barcelona)
e-mail: info@robinbook.com
www.robinbook.com

© 2009, Ediciones Robinbook, s. l., Barcelona

Diseño de cubierta: Regina Richling

Fotografía de cubierta: ©iStockPhoto

Fotografías interior: © iStockPhoto/Anthro et al.(págs. 10, 12, 16, 19, 28, 53, 96, 104, 106, 123, 126, 136, 143, 177, 183).Creative Commons: Wikimedia/flickr/Jami Dwyer (pág. 75)/Sputnik (págs. 210, 215)/Luidger (pág.117)/Marcus Obal (págs. 196, 197). NASA: NASA/Casey Reed (pág. 38)/ NASA (pág. 63)/Jeff Schmaltz, MODIS Land Rapid Response Team (pág. 67)/NASA/ ESA/ESO/Wolfram Freudling et al. [STECF] (pág. 70)/NASA, ESA, HEIC, and The Hubble Heritage Team [STScI/AURA] (pág. 85)/NASA/ESA/ESO/Wolfram Freudling et al. [STECF] (pág. 109)/X-ray: NASA/CXC/SAO; Optical: NASA/STScI (pág. 111)/JPL-Caltech (pág. 120)/NASA/JPL-Caltech (pág. 136-137)/NASA, ESA, Hubble Heritage [STScI / AURA]- ESA/Hubble Collaboration, & A. Evans [UVa, NRAO, SUNYSB] (pág. 150).

Diseño de interior: Lídia Estany para Pacmer

Composición: Pacmer

ISBN: 978-84-9917-014-5

Depósito legal: B-25.619-2009

Impreso por Egedsa, Rois de Corella 12-16, 08205 Sabadell (Barcelona)

Impreso en España - *Printed in Spain*

Mabus pronto entonces morirá, llegará
de gente y bestias una horrible derrota.
Luego de golpe la venganza se verá,
ciento, mano, sed, hambre, cuando corra el cometa.

NOSTRADAMUS
PROFECÍAS, (II CENTURIA, LXII)

La aparición de un cometa al final del Quinto Sol
traerá cambios bruscos y terribles en nuestro planeta.
Su trayectoria lo lleva a chocar con la Tierra, pero
todos unidos podemos desviarlo por medios físicos o psíquicos.

SEXTA PROFECÍA MAYA

PRESENTACIÓN

Nostradamus maya es un libro sobre el inminente fin del mundo, anunciado para el año 2012 por esa enigmática civilización precolombina. Pero también es algo más. Al trabajar en su traducción admiré la habilidad de Spencer Carter para exponer en forma clara y objetiva un tema de por sí complejo y controvertido. El autor consigue además encuadrar las profecías en una descripción más amplia de diversos aspectos de la cultura maya, como sus conocimientos, sus creencias y su forma de vida, al tiempo que los conecta y contrasta con desarrollos semejantes en otras civilizaciones de la Antigüedad. Si habla de los calendarios y la «Cuenta larga», expone asimismo la conformación de otros calendarios, como el chino, el árabe o el hebreo; y si el tema es la visión del mundo que tenían los mayas, la compara con las cosmogonías de otros pueblos, como los sumerios, los indios hopi, o la propia Biblia.

Uno de los recursos más interesantes utilizados por Carter es el de confrontar los conocimientos y creencias de los astrónomos mayas con los más recientes logros de la ciencia actual. Señala tanto aciertos asombrosos como ingenuas equivocaciones, cuyo balance no deja dudas de que los mayas, en su aislamiento del Yucatán, erigieron la civilización más avanzada del mundo antiguo. Es mérito del autor exponernos esa realidad en todas sus facetas, sirviéndose de oportunos itinerarios en el tiempo y en el espacio, a partir de una inquietante profecía apocalíptica.

Ernesto Frers

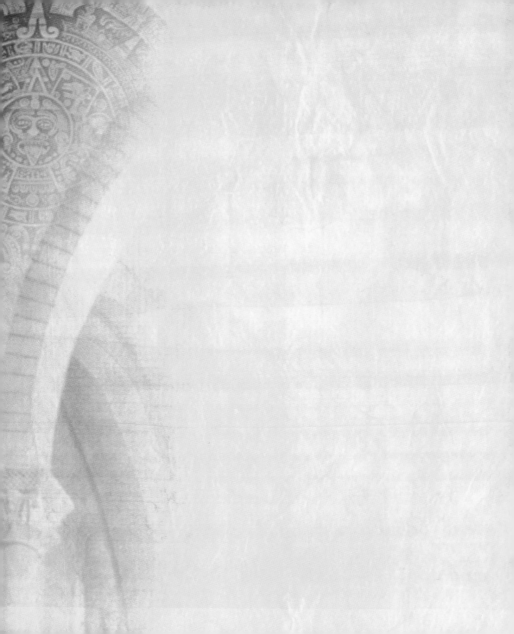

Sumario

Introducción

EL DESTINO DE LA HUMANIDAD

Introducción

Los sacerdotes astrónomos mayas predijeron que este mundo, tal como lo conocemos, llegará a su fin en el solsticio de invierno de 2012. Es decir, el día 21 o 22 de diciembre de ese año, o más probablemente, en la noche que transcurre entre ambos. Los mayas elaboraron el calendario que anuncia la profecía alrededor del comienzo de nuestra era, por lo que al establecer esa fecha les quedaban aún unos dos mil años por delante. Por lo tanto, la catástrofe que vaticinaban no podía preocuparles por sí mismos, y la establecieron y describieron como un legado y una advertencia para una generación futura, que resultó ser la nuestra. A los más de seis mil millones de seres humanos que en este momento habitamos la Tierra, nos faltan unos pocos años para que se cumpla ese vaticinio, cuyas consecuencias ignoramos. Tal vez deberíamos tratar de entender el verdadero significado de la profecía; desentrañar el mensaje cósmico y filosófico que nos dejaron los mayas hace más de dos milenios.

Desde luego podemos decidir que se trata de una superstición de un pueblo primitivo, una falsa profecía como tantas otras, para consumo de esotéricos, astrólogos, ocultistas o simples ingenuos. Pero los mayas no eran por cierto ingenuos ni primitivos. En astronomía, matemáticas y arquitectura sus conoci-

 Según algunos, la profecía anuncia que en el solsticio de invierno de 2012 se producirá una catástrofe sorpresiva e inmediata en nuestro planeta.

mientos por lo menos igualaban a los de los antiguos egipcios y griegos, y habían estudiado profundamente las relaciones entre el espacio y el tiempo. Tanto es así, que los otros pueblos de la región los llamaban «Los amos del tiempo mágico».

Desde sus imponentes pirámides, que eran a la vez templos y observatorios astronómicos, los mayas registraban los desplazamientos del Sol y la Luna, las explosiones y tormentas solares, la precesión de los solsticios, la órbita de Venus, Marte y Neptuno, y de las constelaciones de Orión, Géminis y las Pléyades. Esos conocimientos fueron el punto de partida para establecer un complejo sistema de medición del tiempo que, aparte de su función cronométrica, tenía a la vez un carácter místico y profético. Como ocurría en otras civilizaciones de la Antigüedad, ciencia, religión y magia se unían en un conocimiento trascendente, que apuntaba a una dimensión superior a la experiencia terrena.

Para los mayas el mundo actual, que ellos llamaban «Quinto Sol», abarcaba desde el año 3313 a.C. hasta el fatídico solsticio de invierno de 2012. Este periodo había sido precedido por otros cuatro «soles», cada uno de alrededor de 5.125 años de duración, simbolizados por otros tantos elementos naturales que habían causado sus sucesivas destrucciones. Los cuatro primeros soles no emanaban la misma luz y calidez que hicieron posible la vida sobre la Tierra. El quinto, bajo el cual se desarrolló la especie humana y sus diversas civilizaciones, está a punto de cumplir su ciclo de algo más de cinco milenios. Eso no significa la destrucción material de nuestro planeta, sino una variación en su posición y sus movimientos, motivada por una brusca conmoción en la relación entre la Tierra y el Sol.

El destino de la Humanidad

La profecía maya no anuncia el «Fin del mundo», sino el fin de *este* mundo; aunque no sabemos en qué medida, ni qué sobrevivirá de él. ¿Significará esa catástrofe el fin de la Humanidad? ¿Desaparecerán los seres humanos de la nueva faz de la Tierra? ¿Hay alguna forma de prevenir y evitar ese destino? Los propios mayas nos han dejado respuestas a esos estremecedores interrogantes. Según su interés por la relación entre el Universo y el Tiempo, habían estudiado con detenimiento nuestra galaxia, la Vía Láctea. Establecieron así que varios años antes de terminar un ciclo solar comienzan a producirse en ella unos fenómenos que afectan a todos los astros de nuestro sistema. Eso está ocurriendo una vez más desde 1992 según nuestro calendario, y en ese periodo pudimos —y aún podemos— evolucionar hacia propósitos más elevados y espirituales. De ser así el poder supremo que gobierna el Universo (para los mayas, su dios creador, Hunab Ku) impedirá que se desate el cataclismo cósmico que nos espera. Otra luz de esperanza está contenida en las famosas y controvertidas «Siete Profecías» atribuidas al rey y sumo sacerdote Pakal II, que vivió y gobernó en Palenque durante casi 70 años en el siglo VI d.C.

Los expertos también discrepan respecto a la fecha del 21 de diciembre de 2012. Según algunos, la profecía anuncia que en el solsticio de invierno de ese año se producirá una catástrofe sorpresiva e inmediata, mientras que otros lo interpretan como el momento en que culmina un ciclo de lentas transformaciones en nuestro planeta. Estos últimos sostienen que los cinco soles del vaticinio maya tendrían un sentido semejante a los «seis días» de la Creación según el *Génesis*, que los teólogos actuales interpretan como seis etapas sucesivas, cada una con una duración de millones de años.

Calendario maya. Los mayas utilizaron un tipo de numeración vigesimal que al necesitar menos cifras para expresar grandes cantidades resultaba muy práctico a la hora de tallar cada cifra en la piedra.

Desde sus imponentes pirámides, que eran a la vez templos y observatorios astronómicos, los mayas establecieron un complejo sistema de medición del tiempo que, aparte de su función cronométrica, tenía a la vez un carácter místico y profético.

Una civilización inexplicable

Si los estudiosos y expertos prestan hoy tanta atención a la profecía maya, no se debe solo a la proximidad del año 2012. Muchos aspectos de ese pueblo de Mesoamérica* resultan tan asombrosos como inexplicables, al menos con los recursos actuales de la arqueología y la antropología. El primer enigma que presentan los mayas es su propio origen. Su territorio, comprendido por la península de Yucatán y su base continental (sur de México y norte de Guatemala), estuvo habitado desde el XI milenio a.C. por diversas tribus de cazadores y recolectores nómadas, que acabaron asentándose en aldeas primitivas cuando iniciaron el cultivo del maíz. Hasta entonces nada diferenciaba su evolución de la de otros pueblos precolombinos, algunos de los cuales habían desarrollado culturas algo más elaboradas.

De pronto, hace unos 5.000 años, surge en ese territorio una brillante civilización, cuyos sorprendentes conocimientos ya hemos reseñado. Como también se ha explicado, los mayas pusieron una fecha exacta al nacimiento de esa cultura: el año 3113 a.C. Esa inusual precisión, y la súbita adquisición de saberes y técnicas notablemente avanzados para su época y su entorno, llevaron a algunos investigadores a suponer que algo muy extraordinario había ocurrido aquel año. Algo que podría explicar el enigma del origen de los mayas.

Esa convicción dio pie a diversas teorías heterodoxas, algunas atendibles, otras extravagantes, y todas con un matiz esotérico. Se exponen en la II Parte del presente libro, con especial atención a las dos más extendidas: la posibilidad de que llegaran a las costas de Yucatán los náufragos supervivientes de la mítica y gigantesca isla de la Atlántida, cuyos habitantes ostentaban conocimientos

---

* La antropología cultural denomina Mesoamérica al sector del continente americano que abarca el sur de México, Guatemala, Belice, y las zonas occidentales de Honduras, Nicaragua y Costa Rica. Esa región se caracteriza por la presencia de civilizaciones precolombinas muy avanzadas, con aspectos comunes como el cultivo del maíz, una cosmogonía semejante, y notables conocimientos astronómicos, matemáticos y arquitectónicos.

La mayoría de las ruinas mayas permanecieron ocultas durante siglos, bajo cúmulos de tierra cubiertos por una intrincada vegetación selvática. Sus descubridores debieron literalmente desenterrarlas, después de abrirse paso en la selva a golpes de machete, retirar toneladas de escombros y lodo para acceder a su interior.

y poderes mentales perdidos; y la opción de que aterrizaran en Mesoamérica naves extraterrestres, conducidas por tripulantes que dispondrían de sabidurías y tecnologías absolutamente impensables en esa época del desarrollo humano, y todavía hoy. En ambos casos, ya fueran los visitantes atlantes o alienígenas, habrían infundido a los sacerdotes y hechiceros mayas los arcanos de sus excepcionales conocimientos.

Si el súbito origen de la civilización maya ha sido siempre un misterio, aún más misteriosa es su abrupta desaparición. Se han dado varias explicaciones racionales de ese fenómeno (guerras, peste, rebeliones internas, catástrofes naturales, etc.), pero ni todas juntas llegan a dar cuenta del sorpresivo abandono de todas las ciudades y centros de culto, en pleno apogeo de su gran esplendor. Nadie ha podido explicar por qué los mayas se dispersaron y retornaron a su

Nadie ha podido explicar por qué los mayas se dispersaron y retornaron a su vida campesina, dejando sus maravillosas pirámides y otras elaboradas construcciones a la voracidad vegetal de la selva.

vida campesina, dejando sus maravillosas pirámides y otras elaboradas construcciones a la voracidad vegetal de la selva. Y, lo que es más grave e incomprensible, por qué abandonaron sus investigaciones astronómicas, sus predicciones, y sus sorprendentes conocimientos, olvidando para siempre lo que había sustentado a una de las civilizaciones más avanzadas de la Antigüedad.

Todas estas apasionantes incógnitas conforman el contenido de este libro, sin dejar de lado otros enigmas, como el imposible traslado humano de grandes bloques de piedra sin utilizar ruedas; el misterioso efecto mental de fajar el cráneo de los niños para darle forma cónica; los trances místicos y visionarios que les producía el consumo de ciertas hierbas; el significado mágico del juego de pelota; o las sugerentes pinturas y esculturas de sus templos y ciudades.

«La ciudad se veía desolada.
Las ruinas no mostraban
un solo rastro de sus pobladores.
Todo era misterio; un oscuro e
impenetrable misterio,
que se incrementaba a cada paso.»

JOHN LLOYD STEPHEN

Explorando el misterio

El descubrimiento y estudio de las grandes ciudades mayas ha sido y sigue siendo una tarea ardua y arriesgada. La mayoría de esas ruinas permanecieron ocultas durante siglos, bajo cúmulos de tierra cubiertos por una intrincada vegetación selvática. Sus descubridores debieron literalmente desenterrarlas, después de abrirse paso en la selva a golpes de machete, y luego retirar muchas toneladas de escombros y lodo para acceder al interior y a las cámaras subterráneas. Una vez superados los obstáculos físicos, les esperaba una compleja labor de estudio e interpretación de esos testimonios de piedra y los escasos restos de una escritura jeroglífica desconocida, bajo el agobiante calor tropical o las interminables lluvias torrenciales. Trabajaron con la amenaza latente de jaguares, serpientes, escorpiones, o caimanes que los acechaban al cruzar los ríos, y siempre rodeados por densas nubes de voraces mosquitos. Soportaban todos esos inconvenientes no solo por los fundamentales hallazgos arqueológicos que guardaban esos testimonios precolombinos, sino también porque el avance científico topaba con enigmas milenarios que la ciencia no podía explicar.

 Pierre Teilhard de Chardin (1881-1951). Paleontólogo y teólogo jesuita nacido en Sarcenat, Francia. Autor de una teoría sobre la evolución continua de los seres vivos y la materia, con destino a un Punto Omega, definido por él como «...una colectividad armonizada de conciencias, que equivale a una especie de superconciencia a escala sideral». Algo semejante proponían los mayas para evitar el choque del cometa destructor.

Todo comenzó en 1835 con un hecho casual, cuando el abogado neoyorquino John Lloyd Stephen, aficionado a la arqueología, visitó en Sevilla el Archivo General de Indias. Allí encontró un tomo que llamó su atención. Se trataba de la *Relación de las cosas del Yucatán*, escrita en 1566 por el obispo Diego de Landa, que describía una gran civilización perdida en las selvas y montes de Mesoamérica. De regreso a su país Stephen comentó este hallazgo a un amigo, el antropólogo, explorador y dibujante Frederick Catherwood. Ambos organizaron una expedición al Yucatán, y en 1939 descubrieron las ruinas de Copán, de las que Catherwood realizó varios dibujos muy detallados. En 1941 Stephan publicó el relato ilustrado de su aventura arqueológica, bajo el título de *Incidentes de un viaje en América Central, Chiapas y Yucatán*. La narración del sorprendente descubrimiento de las ruinas de Copán, documentado por los magníficos grabados de Catherwood, causó sensación en el mundo científico, provocó una ola de «mayanismo» en el público general, y una invasión de expertos e inexpertos exploradores en las junglas tropicales de Mesoamérica.

A partir del descubrimiento de Copán, fueron surgiendo del subsuelo de la selva ciudades asombrosamente conservadas, como Tikal, Uxmal, Chichén Itzá, Labna o Palenque, donde a su vez cada pirámide, palacio, templo, edificio, estela o escultura parecía plantear un nuevo misterio. Los investigadores descubrieron que los mayas habían elaborado un trío de calendarios casi perfectos, desentrañaron una escritura jeroglífica muy compleja, y una notación matemática

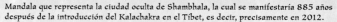

Mandala que representa la ciudad oculta de Shambhala, la cual se manifestaría 885 años después de la introducción del Kalachakra en el Tíbet, es decir, precisamente en 2012.

más sencilla y práctica que la que ellos mismos usaban. Estos instrumentos y destrezas estaban relacionados con un profundo y meticuloso conocimiento astronómico, que llevaba incluso a señalar la fecha en que se acabaría el mundo.

La insondable sabiduría de los mayas provocó no pocas controversias científicas, centenares de artículos académicos y fantasías no muy académicas, pero la verdad es que el estudio de su civilización presenta aún muchos misterios sin resolver. Tal vez las respuestas nos aguarden en los incontables montes y montículos de la región, que esconden todavía hoy otras tantas ciudades inexploradas.

 Piedra tallada procedente de Toniná, ciudad que coexistió con los asentamientos igualmente mayas de las ciudades clásicas más antiguas de Tikal, Copán o Palenque, y con las nuevas ciudades mayas como Uxmal y Kabah. Con las primeras de estas ciudades Toniná comparte la vieja iconografía propia de la Cultura maya, basada en monstruos de la tierra, deidades acuáticas, aves celestes y dragones del inframundo.

Célebre calendario de tres ciclos a través del cual, los mayas establecieron la Cuenta larga,
cuyo final supone la desaparición o transformación de la especie humana.

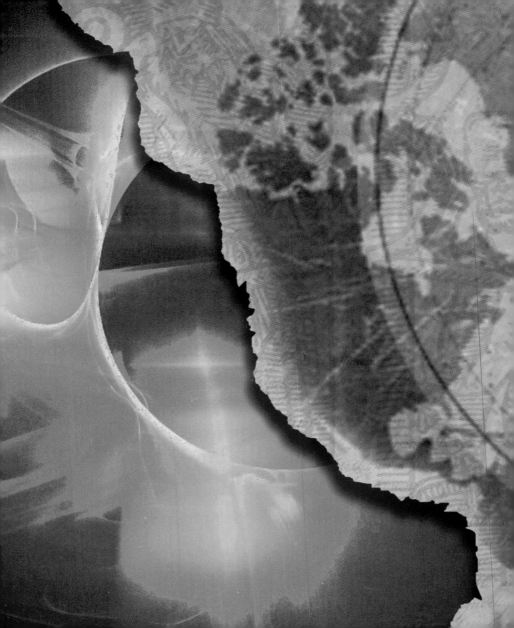

Prímera parte

La profecía del fin del mundo

¿Se acabará el mundo en el 2012?

En el solsticio de invierno del año 2012 la sombra de la Serpiente Emplumada descenderá por las escaleras de la pirámide de Kukulcán, en Chichén Itzá, anunciando el inicio del Apocalipsis maya. El fenómeno se produce cada año en esa fecha, por la incidencia del Sol solsticial en los peldaños y pretiles de la fachada norte, mostrando un juego de luz y sombra que semeja el descenso de una serpiente, cuya cabeza esculpida en piedra está situada en el extremo inferior de la balaustrada.

La pirámide, también llamada «El Castillo», es la construcción más imponente del valioso yacimiento arqueológico de Chichén Itzá y tuvo una indudable significación astronómica y religiosa. De base cuadrada y 30 m de altura, cada una de sus caras escalonadas presenta una escalinata de 91 peldaños, que junto a los de las plataformas cuadrangulares de la cima suman 365, número de los días del año. Los pretiles correspondientes dividen los nueve salientes de cada lado en 18 segmentos, que representan los 18 meses del año del calendario maya. La orientación y el diseño de las cuatro fachadas permiten que, en los solsticios y equinoccios, la luz solar se refleje en la escalera norte como una serpiente que va bajando de la cima con avances ondulatorios.

Numerosas obras de ficción han imaginado la catástrofe final, ya sea por una guerra nuclear o por una peste mortal desconocida, entre otras causas.

LA SERPIENTE EMPLUMADA
Y LOS BRUJOS DEL AGUA

La construcción de la pirámide y su orientación respecto al sol, fue obra de los mayas itzaes, un pueblo del sur que se asentó en el Yucatán al promediar el siglo V d.C. En el año 555 ocuparon y reconstruyeron la ciudad casi deshabitada de Chichén Itzá. Su principal aporte fue el componente mágico y enigmático de las culturas precolombinas, que hizo que los llamaran «los sabios iniciados» y «los Brujos del Agua». Se cree que ellos trajeron o recuperaron el culto a la Serpiente Emplumada, así como los sacrificios humanos. Para sus predicciones lanzaban objetos simbólicos a un cenote o pozo de agua subterránea, donde según se dice también arrojaban a jóvenes adolescentes como homenaje a los dioses.

Los astrónomos precolombinos predijeron que en el solsticio de invierno de 2012 tendría lugar un fenómeno cósmico excepcional, que solo se produce cada 26.000 años. En ese día culminará un desplazamiento del Sol iniciado unos meses antes, hasta situarse en el ecuador de la Vía Láctea, marcando su centro exacto en el cruce con el equinoccio galáctico. Los mayas denominaban al encuentro «El árbol sagrado» y creían que ese desplazamiento solar significaba el final de la actual era del Quinto Sol. Se cerraría así la «Cuenta larga» de su célebre calendario de tres ciclos, cuyo final supone la desaparición o transformación de la especie humana.

La profecía del año 2012 se basa en un proceso planetario denominado «precesión de los equinoccios», que la avanzada astronomía maya conocía perfectamente y sus sacerdotes interpretaban en clave mística y cosmogónica. Como sabemos, los equinoccios son los momentos en que el Sol se sitúa sobre el ecuador terrestre, y el día tiene exactamente la misma duración que la noche.

Pero a lo largo del tiempo el eje de la Tierra efectúa un giro muy lento sobre sí mismo, como si dibujara un círculo en el cielo. Ese pausado bamboleo de nuestro planeta produce la llamada «precesión», que va desplazando los equinoccios con la misma lentitud, hasta culminar su itinerario circular en nada menos que los citados 26.000 años. En ese transcurso, la Tierra atraviesa las doce constelaciones que son signos del Zodiaco, con una permanencia de unos 2.166 años en cada una. No hay testimonio arqueológico de que los mayas supieran de la redondez de la Tierra, y por lo tanto no podían medir la oscilación de su eje. En realidad creían que el mundo era un rectángulo plano, con un árbol de la vida en cada ángulo. Pero completando los conocimientos astronómicos de sus predecesores olmecas, sí registraron los equinoccios y el leve retraso anual que se producía entre ellos. Establecieron así un tercer calendario o «Cuenta larga», re-

Cenote. Se cree que los Brujos del Agua utilizaban estos pozos de agua para sus predicciones lanzando objetos simbólicos en ellos.

lacionado con la precesión de los equinoccios. Como veremos más adelante la «Cuenta larga» no es cíclica, como los otros dos calendarios mayas, sino lineal. Es decir no acaba y recomienza siguiendo los ciclos de la traslación orbital de la Tierra respecto al Sol, sino que acumula los días y años que suma la mucho más lenta precesión de equinoccios motivada por la oscilación de su eje.

Por alguna razón no explicada por los testimonios existentes, los mayas databan su propio origen en el día 11 de agosto de 3114 a.C. de nuestro calendario gregoriano, que es el 0.0.0.0.0. que inicia la «Cuenta larga». Una notable precisión, que ningún otro pueblo de la Antigüedad pudo establecer en forma tan absoluta. Se da la circunstancia de que esa fecha no parece ser casual, ya que no indica solo el inicio de la cultura maya. La primera dinastía egipcia fue iniciada por el faraón Narmer en el 3100 a.C.; y alrededor de esa fecha se construyeron las primeras ciudades en la Mesopotamia. Por otra parte, la partición del día en 24 horas y de cada hora en 60 minutos, así como la división del círculo en 360°, fue establecida alrededor de 3100 a.C. por la cultura de Uruk en Sumeria. No se explica cómo los mayas hubieran podido saber que en esa centuria y en sitios muy lejanos, habían surgido al unísono otras grandes civilizaciones. Pero lo cierto es que escogieron esa fecha singular para iniciar su propia historia sobre la Tierra.

Otro dato curioso e inquietante es que la «Cuenta larga» se elaboró a principios del I Milenio d.C. con lo cual resulta un calendario que incluye más de tres milenios del pasado y otros dos milenios del futuro respecto a sus propios autores. Algunos arqueólogos y antropólogos, especialistas en las civilizaciones precolombinas de Mesoamérica, atribuyen esa extensión temporal a los recursos adivinatorios de los sacerdotes astrónomos. Ellos entendían que el conocimiento del pasado les permitía predecir el futuro, lo que es cierto por lo menos para ciertos fenómenos astrales cíclicos, como el paso de las estaciones o los eclipses. Puestos a adivinar, indicaron también la famosa profecía del fin del mundo el 21 de diciembre de 2012, en coincidencia con el solsticio que cierra el ciclo de la actual precesión de los equinoccios y, necesariamente, finaliza la «Cuenta larga».

Del día final al día después

La primera inquietud que nos asalta ante la idea del fin del mundo suele ser qué ocurrirá ese día y qué quedará al día después, si es que lo hay. Nos preguntamos qué tipo de catástrofe asolará la superficie de la Tierra o destruirá el planeta, si habrá supervivientes o si otra especie de seres inteligentes tomará el relevo de la Humanidad. Numerosas obras de ficción han imaginado la catástrofe final, ya sea por una guerra nuclear, una peste mortal desconocida, un desastre ecológico, el impacto de un meteorito, o incluso un ataque extraterrestre. Abundan también las ficciones que suponen lo que podría ocurrir después, por lo general mostrando una humanidad degradada, de monstruos genéticos o criminales sin control, cuando no especies mutantes que esclavizan a los seres humanos o son esclavizadas por estos.

En rigor de verdad debemos decir que los mayas no predicen exactamente el fin del mundo, sino el fin del mundo tal como es ahora. Es decir anuncian un ciclo que se cierra, el del mundo que conocemos, con sus generaciones y su historia; pero también el surgimiento de un nuevo ciclo, cuyo sino ignoramos porque quizás depende en parte de nosotros mismos. De acuerdo con los mayas, en cierta forma hemos entrado ya en la fase terminal de nuestra era, con ciertos acontecimientos celestes que se iniciaron en la última década del siglo pasado. La profecía no explicita si el 21 de diciembre del 2012 ocurrirá una hecatombe mundial, o esa fecha solo indicará el punto culminante de un proceso de cambio que algunos estudiosos cifran en 20 o 30 años de transformaciones. En ese caso no habría día final ni día después, sino un periodo de tiempo en el cual surgiría un mundo mejor, como el gusano emerge de la crisálida transmutado en mariposa; o podríamos fracasar en el intento y asistir a nuestra definitiva destrucción. Según veremos más adelante, eso es lo que sugieren las auténticas profecías que se asignan al sabio gobernante maya Pakal II de Palenque, en las que se predice el final de este mundo y el surgimiento de otro mejor.

A medida que se aproxima el 2012, van surgiendo autores y expertos que suscriben la profecía maya, a partir de presuntos hallazgos o investigaciones que nos dicen que ese año le ocurrirá algo muy serio a nuestro planeta. Michael Drosnin, autor de *The Bible Code* («El Código de la Biblia») ha descubierto en el *Pentateuco*, o cinco primeros libros del *Antiguo Testamento*, un mensaje oculto que anuncia que en 2012 un cometa chocará con la Tierra, aniquilando a todos los seres vivos. Por su parte Patrick Geryl, autor de *La Profecía de Orión* y *El cataclismo mundial de 2012*, vaticina que ese año se producirá una reversión de los polos terrestres. No físicamente sino en su magnetismo, algo que, como veremos luego, ha sucedido varias veces en el pasado y producirá que la Tierra comience a girar en la dirección contraria. Se supone que ante semejante sacudón, los seres humanos sufriremos algo más que un mareo.

Menos apocalíptico resulta el indoamericano Vijay Kumar, director de la Escuela de Ingeniería y Ciencias Aplicadas de la Universidad de Pensilvania. Este acreditado científico estima que alrededor de 2012 estallará una III Guerra Mundial con armas nucleares, y morirán millones de personas. Quizá esa guerra simbolice el violento fin de nuestra era, pero Kumar asegura que después llegará una «era dorada», en la que «solo habrá armonía y paz por todas partes».

La inminente llegada de un tiempo más pacífico, más sabio y más feliz, fue anunciada a mediados del siglo XX por el movimiento denominado *New Age*, que celebraba el advenimiento de la era astrológica de Acuario. Los astrónomos mayas eran también, o mejor principalmente, expertos astrólogos. El estudio de los movimientos astrales tenía para ellos significados mágicos y proféticos, que les ayudaban a mantener su poder político y espiritual. Aunque

(Continúa en la pág. 38.)

Vijay Kumar. Ingeniero y cosmólogo indoamericano, especialista en robótica y consultor de la NASA, cuya teoría de la III Guerra Mundial supone un «día después» que coincide con las profecías mayas.

LA AMENAZA DEL PLANETA X

¿Puede ser que el «cometa» destructor anunciado por los mayas, Nostradamus y el Apocalipsis, sea un planeta oculto en los límites del sistema solar? Parece una idea de ciencia-ficción, pero la ciencia seria está empeñada en encontrarlo. Se le atribuye una órbita elíptica muy alargada, por lo que cuando recorre sus extremos permanecería merodeando el cinturón de Kuipert, un disco de asteroides situado más allá de la órbita de Neptuno. Su paso más cercano a la Tierra se produce cada 3.600 años, que es el tiempo que tarda en orbitar al Sol. Bautizado como el «Planeta X», varias culturas antiguas lo mencionan como Nibiru, Némesis o Hercólubus.

La astronomía oficial, la NASA, la ESA y otras agencias espaciales, siempre negaron que estuvieran buscando un planeta desconocido. No obstante en 1986 se lanzó el IRAS (Infrared Astronomical Satellite), provisto de cámaras infrarrojas que detectaron lo que el Dr. Gerry Neugebauer, director del programa, describió como «algo que no sabemos lo que es». En el año 2008 el astrofísico japonés Tadashi Mukai, de la Universidad de Kobe, publicó en el Astronomical Journal las conclusiones de un análisis gravitacional de Neptuno que reflejaba la necesaria presencia de un planeta invisible, de unos ? del tamaño de la Tierra.

¿Conocían los mayas el Planeta X? De acuerdo con algunos autores el astro había sido detectado por los astrónomos mesoamericanos, que le llamaban «Quezalkual». Sabían también que su próximo acercamiento será a finales del año 2012, y que podría chocar contra la Tierra con imprevisibles consecuencias catastróficas.

NOSTRADAMUS Y LA PROFECÍA MAYA

El gran clarividente francés Michel de Nostradamus, que en el siglo XVI visionó predicciones que llegan hasta nuestros días, coincidió con la profecía maya en lo relativo al fin del mundo por una gran catástrofe planetaria. No obstante no da una fecha tan exacta como el año 2012, dado el estilo simbólico de sus «centurias».

Las profecías de Nostradamus son en su gran mayoría apocalípticas, o anuncian guerras y hechos sangrientos de la historia que, según sus partidarios, se han cumplido cerca de la mitad (o tal vez más, que no se han sabido interpretar). En la centuria IX, cuarteto 48, escribe lo siguiente:

La gran ciudad del océano marítimo,
rodeada por placas de cristal:
en el solsticio de invierno y la primavera
probada por un terrible viento.

Los analistas de los siempre metafóricos y a menudo crípticos cuartetos de Nostradamus, entienden que la gran ciudad oceánica es Nueva York, con sus rascacielos de placas de cristal, y que el «terrible viento» es una catástrofe que viene del cielo. Lo más interesante de este cuarteto es la referencia al solsticio de invierno, que coincide con la predicción maya.

En cuanto al fin del mundo, son numerosas las alusiones y descripciones de Nostradamus que refieren a una destrucción total. Un ejemplo puede ser el siguiente:

El sol, veinte grados hacia Tauro, tremendo temblor de tierra.
El gran teatro lleno destruido,
aire, cielo y tierra oscuros y en tinieblas,
cuando los infieles clamen a Dios y a los santos.

También al igual que la profecía maya, Nostradamus recurre a menudo a la astrología para expresar sus predicciones. En el prefacio de la carta a su hijo César, se refiere a la época actual y a nuestro futuro:

Antes de que la Luna haya terminado su ciclo completo (1889-2250)
el Sol se encontrará con Saturno (inicio de la era de Acuario)
y según lo establecido por los signos del Cielo, el reinado
de Saturno regresará por segunda vez (era de Capricornio) para llevar
al mundo hacia el ciclo de su extinción final.

En tanto nos encontramos en los comienzos de la era de Acuario, y los periodos zodiacales duran 2.166 años, el clarividente francés nos otorgaría aún unos veinte siglos antes de que Capricornio trajera la «extinción final».

fueron sin duda los más avanzados, compartieron con otras civilizaciones de la Antigüedad el interés por los astros del cielo y el estudio de sus desplazamientos, que llevó al temprano cultivo de esa persistente disciplina esotérica. Es sabido que el zodiaco astrológico es un calendario anual basado en el movimiento de los astros, cuyos «meses» son signados por 12 constelaciones estelares. Cada una de esas constelaciones contiene en algún momento el punto vernal, que marca la intersección del plano del ecuador celeste con el de la eclíptica terrestre. En esto interviene una vez más el efecto de la precesión, que provoca anualmente un retroceso en el punto vernal, desplazándolo de una constelación a otra, que domina y designa la correspondiente era de unos 2.150 años. Actualmente estamos entrando en la era de Acuario, que por ser el último signo del zodiaco sugiere que se termina algo más que su propio reinado astrológico. En cuanto al naciente Acuario, es el único signo cuyo símbolo es una figura humana (un hombre vertiendo agua de un cántaro) y según la astrología lo adornan virtudes como el altruismo, la bondad, la inteligencia y la sinceridad.

Como veremos más adelante, el rey profeta maya Pakal II anuncia un «día después» en consonancia con las optimistas versiones de la Era de Acuario. Pero no aclara qué sucederá en el «día final», de qué forma los dioses o el poder que simbolizan acabarán con nuestro mundo. Por otra parte el Apocalipsis o Nostradamus no dejan piedra sobre piedra, y para sus profecías no habrá día alguno sobre la Tierra después de su definitiva destrucción.

También es probable que, como mantienen los escépticos, el 21 de diciembre de 2012 no ocurra nada inusual. Aún en ese caso el prestigio de los astrólogos mayas quedará a salvo. Según ya hemos comentado, una de las interpretaciones más difundidas y aceptadas de su profecía sostiene que en realidad el fin de este mundo ya se ha iniciado. Ahora mismo estaríamos inmersos en una lenta etapa de transformación, que protagonizamos todos y cada uno de nosotros. El gusano ha comenzado a moverse en su crisálida, ¿morirá en el intento o conseguirá al fin volar como una mariposa de vivos colores?

La llamada Llama del monstruo, producida por la estrella Pipsqueak, es observada por los científicos para estudiar las posibles consecuencias de las explosiones que se producen en nuestro Sol, estas producen una energía millones de veces mayor a la de una bomba atómica.

OTRAS PROFECÍAS
DEL FIN DEL MUNDO

La idea de que nuestro mundo terminará abruptamente en una fecha señalada, está presente en la mayor parte de las civilizaciones y religiones que ha fundado la Humanidad. La profecía de los mayas fue compartida por otros pueblos precolombinos de Mesoamérica, como los olmecas, toltecas y aztecas, o más al norte por los apaches, cherokees, navajos, hopi, e iroqueses. Del otro lado del océano otros pueblos de la Antigüedad elaboraron mitos del fin de los tiempos. Entre ellos los egipcios, sumerios, hebreos y tibetanos. También anunciaron el Fin del Mundo personajes visionarios como San Malaquías y el ya citado Nostradamus. Veamos algunas de las profecías más importantes y mejor documentadas:

JINETES Y TROMPETAS DEL *APOCALIPSIS*

El *Apocalipsis* significa «revelación» y pertenece al género de libro profético. Su autor, el evangelista san Juan, describe un terrible y aparatoso fin del mundo, cuyo proceso se va pautando por la apertura de siete sellos y el sonar de siete trompetas que soplan siete ángeles. Los cuatro sellos iniciales liberan otros tantos jinetes. El primero monta un caballo blanco, lleva una espada y recibe una corona, representando el triunfo de Cristo sobre los falsos mesías. El segundo, montado en un caballo rojo representa la guerra: «…le fue concedido desterrar la paz de la tierra y que se degollasen unos a otros». El tercero lleva una balanza y su corcel negro simboliza el hambre. El cuarto jinete, en un caballo amarillo, «tenía por nombre Mortandad y el infierno lo acompañaba. Fueles dada la cuarta parte de la tierra para matar por la espada, y con el hambre, y con la peste, y con las fieras de la tierra». *(Apocalipsis 6:1-8)*.

En cuanto a los siete trompetas angelicales, sus toques sucesivos van desgranando una serie de tremendas calamidades que sería prolijo reproducir por extenso. Citemos por tanto un extracto de los cuatro primeros de esos desastres: «Granizo y fuego mezclado con sangre»; muerte de «la tercera parte de las criaturas que hay en el mar»; venida del cielo de «un astro grande, ardiendo como una tea, que cayó sobre la tercera parte de los ríos y las fuentes de las aguas […] muchos de los hombres murieron por las aguas, que se habían vuelto amargas»; y finalmente «fue herida la tercera parte del Sol y la tercera parte de la Luna, y la tercera parte de las estrellas, de suerte que se oscureció la tercera parte de las mismas, y el día perdió la tercera parte de su brillo, y asimismo la noche». *(Apocalipsis, 8: 2-12).*

Los tres trompetistas restantes desatan un verdadero pandemonio, que comienza con la plaga de langostas monstruosas; sigue con un ataque de ángeles de caballería, cuyos corceles lanzan fuego por la boca, humo y azufre, y llevan serpientes en la cola. La trompeta del séptimo ángel no trae nuevas desgracias; su sonido desata voces en el cielo que anuncian la llegada del Reino de Dios.

HOPI: EL DÍA DE LA ESTRELLA AZUL

Un día del verano de 1958 el pastor metodista David Young conducía su coche por el desierto de Arizona, cuando vio a un indio muy viejo que caminaba lentamente bajo el agobiante calor. Young le ofreció llevarlo hasta el próximo poblado y el anciano aceptó. Dijo que su nombre era Pluma Blanca y que era un hopi del clan del Oso. Contó que sus ancestros provenían de una tierra muy distante que había sido destruida por los terremotos. Entonces fueron transportados a su actual territorio en escudos voladores pilotados por los *katrinas*, unos seres que bajaron del cielo para rescatar a los hopi y revelarles su sabiduría.

Al igual que los mayas, los hopi creen que la historia del mundo se divide en etapas separadas entre sí por grandes conmociones planetarias. Ahora nos encontramos en la cuarta etapa, que está a punto de finalizar con el regreso de los *katrinas* y del «Dios blanco» que ellos llaman Pahana, para crear un quinto mundo más espiritual y perfecto. Los hopi se han transmitido, de generación en generación, una profecía de nueve signos. En el noveno surge la gran destrucción: «Se abrirán los cielos sobre la Tierra, que caerá en pedazos con gran estruendo, y aparecerá como una estrella azul. Poco después cesarán las ceremonias de mi pueblo».

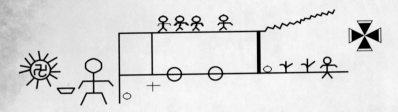

La otra fuente profética de los hopi es un petroglifo grabado sobre una roca cerca de Oraibi, en Arizona, que presenta el siguiente esquema:

El dibujo del extremo izquierdo es el Sol, con una cruz gamada[*] en su interior. La figura humana grande es el Gran Espíritu o dios creador. La primera línea vertical representa el comienzo del tiempo, y la siguiente inicia el periodo en que la humanidad debe decidir entre el materialismo y el espiritualismo. La tercera línea vertical, más gruesa, cierra el plazo para la decisión del camino a seguir. Hay también dos líneas horizontales; la superior indica el camino del materialismo sin espiritualidad, que acaba en una línea zigzagueante que lleva a la destrucción, y la inferior guía hacia un mundo espiritual, plácido y pleno. Los cuatro hombrecillos representan las cuatro etapas de la humanidad, y los círculos son las dos guerras mundiales; la cruz representa el cristianismo, y el círculo debajo de ella simboliza el ciclo continuo de la vida. En el extremo derecho, la cruz aspada es el signo que protege a Pahana en su camino de retorno a la Tierra.

—

[*] La cruz esvástica era un signo frecuente en los pueblos primitivos, mucho antes de que los nazis la adoptaran de la mitología germánica.

SAN MALAQUÍAS Y EL ÚLTIMO PAPA

En el año 1559 el benedictino Arnoldus Wion dio a conocer una serie de profecías enunciadas cuatro siglos antes por su cofrade san Malaquías de Armagh, obispo de Irlanda, al que se atribuían numerosos milagros. De acuerdo con la tradición, Malaquías tuvo una revelación en 1140 durante un viaje a Roma. De regreso a su tierra puso por escrito sus visiones, consistentes en la enumeración de los próximos 112 pontífices, identificando a cada uno con un breve lema en latín. La relación se inicia con Celestino II *(Ex castro Tiber)* elegido en 1143, que efectivamente había nacido en Città del Castello, a orillas del Tíber; y acaba con un misterioso Petrus Romano, el 112º de la lista y último papa de la cristiandad. Los lemas latinos son metafóricos y algo ambiguos, pese a lo cual pueden interpretarse como una alusión al papa respectivo o a su reinado. Entre los pontífices más recientes, por ejemplo, Pablo VI es *Flos Florum* (Flor de flores) y tenía tres flores de lis en su escudo; el infortunado Juan Pablo I es *De medietate Luna* (De la media Luna), posible alusión a su breve reinado de 33 días y a su nombre, Albino Luciani, que sugiere una luz blanca y lunar; a Juan Pablo II, el papa viajero y mediático, Malaquías le asigna el lema *De labore Solis* (Del trabajo del Sol) tal vez aludiendo a su brillante labor ecuménica que, como el Sol, llevó su luz a todo el mundo.

Las profecías de san Malaquías han cobrado en los últimos años una justificada actualidad, en tanto Benedicto XVI *(De Gloria Olivae)* es el 111º pontífice de la lista. Luego vendrá el enigmático Petrus Romano, al que Malaquías dedicó una coletilla particularmente profética, que traducida del latín dice así: «Durante la prosecución final de la Santa Iglesia de Roma reinará Pedro el Romano, quien alimentará a su rebaño en muchas tribulaciones; tras lo cual la ciudad de las siete colinas (Roma) será destruida y el juez terrible juzgará a su pueblo. Fin».

Los amos del tiempo mágico

Para nuestra cultura occidental la idea del transcurrir del tiempo es lineal, como una flecha que avanza sin detenerse ni retroceder. Los mayas, por el contrario, entendían que el tiempo era como una rueda, que giraba en redondo una y otra vez. Pensaban que en ese eterno retorno del tiempo, conocer el pasado permitía predecir el futuro, ya que en algún momento lo que había sucedido volvería a suceder. Esto es sin duda cierto para los fenómenos astronómicos cíclicos, como la rotación y traslación de la Tierra, que marcan la duración de los días y la sucesión de las estaciones.

Estos ciclos están relacionados con tareas agrícolas como la siembra y la cosecha, o con las condiciones de la vida cotidiana de los campesinos mayas. Los miembros de la clase dirigente mantenían en un hermetismo exclusivo esos conocimientos, que los presentaban ante el pueblo llano como seres superiores. Otros fenómenos de ciclos más largos como los eclipses de Sol y de Luna o el paso de un cometa, no tenían efecto alguno sobre los cultivos o el clima. Los gobernantes y astrólogos se servían de su espectacular manifestación en el cielo y lo espaciado de su ocurrencia, para presentarlos como anuncios de los dioses, que interpretaban según su conveniencia.

El evangelista san Juan describe un terrible y aparatoso fin del mundo cuyo proceso se va pautando por la apertura de siete sellos y el sonar de siete trompetas que soplan siete ángeles. Los cuatro sellos iniciales liberan los cuatro jinetes del Apocalipsis.

LOS OTROS CALENDARIOS

El calendario maya es aún el más exacto astro-nómicamente, pero casi todas las culturas y religiones elaboraron calendarios solares, lunares o formados por una combinación de ambos. He aquí algunos de los más importantes:

Gregoriano

Calendario universal en la actualidad, con la estructura que todos conocemos y utilizamos. Establecido en 1582 por el papa Gregorio XIII, y adoptado paulatinamente por todas las naciones, reemplazó al calendario Juliano implantado por Julio César en el año 46 a. C. Nuestro actual calendario salva el lapsus astronómico incluyendo un año bisiesto en cada año múltiplo de cuatro, salvo los que terminan en 00.

Egipcio

Es el más antiguo de los calendarios conocidos, y se ha datado su existencia antes del año 4000 a.C. La medición del año se basaba en el ciclo lunar y en la reflexión de la salida de la estrella Sirio. Tenía 12 meses de 30 días, más cinco días adicionales que se agregaban a cada año.

Babilonio

Establecido alrededor del 1700 a.C., era un calendario lunar, con 12 meses de 30 días, agregando cada tanto un mes para compensar el desfase astronómico. El día se dividía en 24 horas iguales, cuyo ciclo se reiniciaba al atardecer.

Hebreo

Calendario lunisolar, que combina los ciclos de la Luna y el Sol. Establecido en el año 359, se utiliza actualmente en el ámbito religioso de

Israel y las comunidades judías de la diáspora. Comienza en el año gregoriano 3761 a.C., que en su Fe es la fecha del inicio del *Génesis*. Tiene 12 meses de duración variable entre 353 y 355 días, con un mes duplicado (Adar) cada dos y tres años alternativamente. El año gregoriano 2009 corresponde al 5769.

Islámico

Calendario lunar de 12 meses, con vigencia doctrinal en los países y comunidades de fe musulmana. Comienza el 16 de julio de 622 (Hégira de Mahoma a Medina), Se estructura en ciclos de 30 años, que comprenden 19 años de 354 días, con el último mes de 29 días y 11 años de 355 días, con el último mes de 30 días. El año 2009 gregoriano corresponde al 1387.

Chino

Sigue un régimen lunisolar, establecido por el emperador Huang Di alrededor de 2637 a.C., con varias modificaciones posteriores. Consta de 12 meses lunares, que dan años de entre 353 y 355 días, cuyas diferencias astronómicas se compensan introduciendo cada tres años uno de 13 meses. Los años están regidos por un ciclo de 12 animales astrológicos, y el 25 de enero de 2009 dio comienzo un año del buey, que corresponde al 4646 del calendario chino.

La civilización maya se basaba en una concepción religiosa y mágica de la vida, a la que subordinaban sus conocimientos propiamente científicos, como los ya mencionados fenómenos astronómicos. Eso llevó a sus sabios astrónomos a elaborar tres calendarios distintos, pero entramados entre sí. El más semejante al calendario gregoriano originado en la Europa cristiana, era el *Haab*, que constaba también de 365 días, pero se dividía en 18 meses de 20 días. Como todos los calendarios anuales ideados por la Humanidad, servía para establecer tareas, plazos, compromisos, y otras actividades de la vida cotidiana de una sociedad.

Una sorprendente particularidad del *haab* es su mayor exactitud respecto al año planetario real. La astronomía actual ha establecido que la Tierra completa su órbita solar en 365,2422 días, y en nuestro calendario gregoriano el año dura 365,2425 días, con un leve error de tres diezmilésimos. No obstante el *haab* alcanza una mayor precisión al contabilizar 365,2420 días, o sea a dos diezmilésimos de la duración astronómica exacta, y con una ventaja de uno sobre la medición gregoriana.

No se trata de exagerar la importancia de esa infinitesimal diferencia, sino de preguntarse cómo pudo establecerla un pueblo que no disponía de telescopios ni de cristales ópticos, y que solo podía observar el firmamento a ojo desnudo. Los científicos lo atribuyen a la dedicación obsesiva de los mayas al estudio del cielo, a través de generaciones, y por su habilidad para recoger y desarrollar los conocimientos de otros pueblos mesoamericanos, en especial de los olmecas. Pero numerosas culturas de la Antigüedad efectuaron meticulosas observaciones astronómicas, en las que basaban sus cosmogonías y sus dioses, sin que ninguna de ellas llegara a elaborar un calendario tan perfecto. Tal vez debamos buscar la respuesta en el enigma del origen de los mayas, que les habría proporcionado una amplia base de conocimientos infundida por una civilización superior.

El calendario sagrado

La vida de los mayas transcurría en sus actividades como sociedad primitiva de agricultores, artesanos, y ocasionales guerreros, gobernados por una elite sacerdotal y aristocrática. Junto a esos menesteres terrenales mantenían una intensa vida espiritual, por medio de una compleja religión animista, basada en la magia y la astrología. Su culto incluía un atiborrado conjunto de dioses que encarnaban los astros conocidos, los fenómenos meteorológicos y los elementos de la naturaleza, o protegían casi todas las situaciones humanas (la reproducción, el nacimiento, la guerra, la enfermedad, la muerte, etc.). La liturgia constaba de numerosos rituales y ceremonias, generalmente aparatosas y multitudinarias, que según se cree en ocasiones incluían sacrificios humanos.

El mundo material y el mundo místico de los mayas estaban estrechamente relacionados entre sí, pero por alguna razón no respondían al mismo calendario. Mientras el *haab* ordenaba la vida cotidiana, el culto religioso se registraba en un almanaque aparte llamado *tzolkin* («Cuenta de los días»). Este segundo calendario tenía solo 260 días, con lo que su transcurso era más corto y sus fechas resultaban móviles en relación al *haab*. Algunos expertos le llaman también «sincronario», en tanto se sincronizaba con los otros dos calendarios.

El número de días del almanaque ceremonial maya no se basa en ningún referente astronómico o movimiento terrestre, por lo que su origen ha provocado diversas tesis y controversias entre los estudiosos. Muchos de ellos sostienen que la veneración de los mayas por el número 13, que eran los niveles del cielo necesarios para alojar a sus numerosos dioses; y su sistema numérico de base vigesimal; los llevaron a representar su calendario sacro en un orden de 13 x 20. Otros le atribuyen una razón más práctica, relacionada con el ciclo de la gestación materna. Sabemos que entre la última menstruación de la madre y el momento del parto transcurren por término medio unas 40 semanas, o sea 280 días. Esa cifra se aproxima bastante a los 260 días del *tzolkin*, y quizá las matronas mayas utilizaban preventivamente una cuenta más corta. Una tradición sostiene que fueron ellas las inventoras del almanaque, por razones de su oficio.

He aquí una representación gráfica del *tzolkin*, o sincronario maya, en forma de tabla rectangular cuadriculada en 20 filas (sellos) y 13 columnas (tonos). La suma de los números de las cuatro esquinas del *tzolkin* (1+7+7+13), da como resultado 28, que son los días del ciclo femenino y se aproxima al número de días de un mes. Multiplicando ese número 28 por la cantidad de tonos (13), se ob-

Sicronario Tzolkin

Dragón	1	8	2	9	3	10	4	11	5	12	6	13	7
Viento	2	9	3	10	4	11	5	12	6	13	7	1	8
Noche	3	10	4	11	5	12	6	13	7	1	8	2	9
Semilla	4	11	5	12	6	13	7	1	8	2	9	3	10
Serpiente	5	12	6	13	7	1	8	2	9	3	10	4	11
Enlazador de Mundos	6	13	7	1	8	2	9	3	10	4	11	5	12
Mano	7	1	8	2	9	3	10	4	11	5	12	6	13
Estrella	8	2	9	3	10	4	11	5	12	6	13	7	1
Luna	9	3	10	4	11	5	12	6	13	7	1	8	2
Perro	10	4	11	5	12	6	13	7	1	8	2	9	3
Mono	11	5	12	6	13	7	1	8	2	9	3	10	4
Humano	12	6	13	7	1	8	2	9	3	10	4	11	5
Caminante del cielo	13	7	1	8	2	9	3	10	4	11	5	12	6
Mago	1	8	2	9	3	10	4	11	5	12	6	13	7
Águila	2	9	3	10	4	11	5	12	6	13	7	1	8
Guerrero	3	10	4	11	5	12	6	13	7	1	8	2	9
Tierra	4	11	5	12	6	13	7	1	8	2	9	3	10
Espejo	5	12	6	13	7	1	8	2	9	3	10	4	11
Tormenta	6	13	7	1	8	2	9	3	10	4	11	5	12
Sol	7	1	8	2	9	3	10	4	11	5	12	6	13

tiene el número 364. Como los mayas conocían el cero, y lo incluían en su lista de los números naturales, se debe sumar un dígito al resultado obtenido. Este será entonces 365, el número de días del año solar.

El tercer calendario maya, llamado «Gran Cuenta Larga», no es cíclico como los otros dos, sino lineal, y se dividía en cinco secciones de 5.126 años, que correspondían a los cinco soles de su cosmogonía. Cada ciclo se subdividía a su vez en

13 «baktunes» o subciclos, de los que cada uno abarcaba cuatro siglos de nuestro calendario gregoriano. La subdivisión proseguía con 20 «katunes» de 7.200 días (unos veinte años); y 20 «tunes» de 360 días. El «tun» o año tenía 18 «uniales» o meses de 20 días, que recibían el nombre de «kin». Veamos gráficamente esa división en cada una de las eras o «Soles». La expresión gráfica de una fecha consistía en una serie de cinco números, que representaban las cinco secciones de la «Cuenta larga». Según los mayas, el día 0.0.0.0.0. Indica la fecha en que nació el planeta Venus y comenzó la historia de su civilización. El eminente arqueólogo y antropólogo británico sir John Eric Thompson logró establecer que ese día corresponde en nuestro calendario al 11 de agosto del año 3114 a.C.

Duración	Total	Glifo	Nombre
5.216 años	1		Sol
400 años	13		Baktun
20 años	20		Katun
360 días	20		Tun
20 días	18		Uinal
1 día	20		Kin

Sylvanus G. Morley, junto a su colega Sir John Eric Thompson, fueron a mediados del siglo XX pioneros de lo que podríamos denominar «escuela clásica» de mayanistas. Sus excavaciones, restauraciones e interpretaciones de glifos y calendarios, revelaron a la arqueología académica el notable desarrollo de la civilización maya.

EL GUARDIÁN DE LOS DÍAS

Los mayas creían que cada día del tzolkin poseía un rasgo propio que incidía en el carácter y destino de los nacidos en esa fecha. Tenían un chamán hechicero llamado «El guardián de los días», que leía ese almanaque sincronario para predecir el futuro. Cuando nacía un niño, el chamán estudiaba el ciclo del tzolkin para interpretar las características de su personalidad. Por ejemplo, los nacidos en el día Ak Abal tendían a ser saludables, algo amanerados y buenos oradores, aunque también mentirosos y quejicas. Podían tener el don de comunicarse con el mundo sobrenatural, por lo que solían ser chamanes o sacerdotes. Entre los mayas de las tierras altas de Mesoamérica, los niños recibían siempre el nombre del día tzolkin en el cual nacían, tal como los católicos suelen bautizar a sus hijos con el nombre del santo del día.

La medida del tiempo elaborada por los mayas a través de sus calendarios, motiva actualmente la atención y el estudio por parte de numerosos científicos. Temas como el verdadero alcance de la Cuenta Larga, la relación sincrónica del *tzolkin*, o cómo resuelve el *haab* el problema de los años bisiestos, dan lugar a tesis doctorales, rigurosas investigaciones y sesudos artículos en publicaciones especializadas. No obstante, por detrás de ese reconocimiento, permanece la idea de que los mayas «sabían» algo sobre el Tiempo y el Universo que les permitía predecir el futuro. Algo que bien podría denominarse mágico o sobrenatural.

Una tradición sostiene que fueron las matronas las inventoras del almanaque ceremonial, por razones de su oficio.

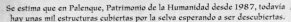

Se estima que en Palenque, Patrimonio de la Humanidad desde 1987, todavía hay unas mil estructuras cubiertas por la selva esperando a ser descubiertas.

MATEMÁTICAS VIGESIMALES

Es probable que los primeros mayas que comenzaron a hacer cálculos, utilizaran una aritmética rudimentaria consistente en contar hasta veinte, utilizando como unidades los dedos de manos y pies. Ese hecho habría motivado que desarrollaran un sistema matemático de base veinte, en lugar de nuestro sistema decimal de origen griego. Es decir, que en lugar de contar con diez dígitos, utilizaban desde el cero al 19. Esa base vigesimal fue muy efectiva para realizar sus exactos cálculos astronómicos y elaborar sus precisos calendarios. Los mayas disponían además de otros dos recursos fundamentales, el descubrimiento del cero y del valor posicional, dos elementos desconocidos para otros pueblos de la época, por más civilizados que fueran. Pasemos a explicar brevemente estos dos conceptos:

La idea del cero, un dígito carente de valor numérico, es uno de los grandes hallazgos de la historia de las matemáticas. Los mayas fueron los primeros en emplear ese número cero, que fue utilizado también en Babilonia y en la India, de donde lo tomaron los árabes y lo transmitieron a Europa a principios del siglo XIII. La función básica del cero es indicar el vacío en una cifra de valor posicional, para permitir que otros dígitos ocupen su lugar correcto. Por ejemplo, en la cifra 2009, los dos ceros en el lugar de la centena y la decena, permiten que el 2 ocupe el lugar que eleva mil veces su valor. Si quitáramos los ceros nos quedaría el número 29, obviamente de un valor muy distinto. Por otra parte, los mayas facilitaban sus operaciones astronómicas complejas por su sistema vigesimal y por el uso de solo tres signos numéricos, en lugar de los diez que utiliza el sistema decimal. Esos signos son: la caracola, que representa el cero; el punto, que representa la unidad; y la raya, que representa cinco unidades. Con esos tres signos representaban los primeros veinte números, del 0 al 19, y continuaban por un sistema posicional de orientación vertical, colocando puntos sobre el 0 para las primeras cuatro decenas, y sobre el 5 para las siguientes.

Aunque con un fin totalmente distinto, ese sistema se parece al de los galones que utilizan los oficiales navales en casi todas las marinas del mundo. Los tres signos básicos no cambian, y su valor se establece por una combinación de superposiciones y repeticiones que resultan muy sencillas y claras de comprender.

A seguir se puede ver el cuadro de los 20 números básicos de la matemática vigesimal de los mayas, que equivalen a los 10 dígitos que utiliza el sistema decimal.

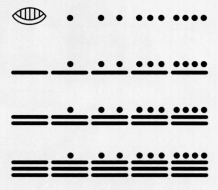

Como se ha explicado antes, nuestro sistema decimal indica los valores posicionales desplazando hacia la izquierda posiciones ascendentes de base diez. Idealmente se supone en cada posición un cero, que puede o no reemplazarse por otro dígito, manteniendo siempre el valor posicional. Por ejemplo en el número 25 el dos vale diez veces más

La medida del tiempo elaborada por los mayas a través de sus calendarios, la Cuenta Larga, la relación sincrónica del *tzoltín*, o cómo resuelve el *haab* el problema de los años bisiestos, induce a pensar que estos «sabían» algo sobre el Tiempo y el Universo que les permitía predecir el futuro de manera casi sobrenatural.

por el lugar que ocupa. En el sistema vigesimal de los mayas, las posiciones saltan de 20 en 20, por lo que el mismo número 25 se representaba con una raya en la primera posición, que significa cinco unidades; y un punto en la segunda, que significa veinte unidades.

Tras superar algunas reticencias, la comunidad científica acepta ya plenamente que los mayas fueron los primeros en emplear con eficacia el sistema posicional y el cero. Lo hicieron en forma independiente, antes del complicado trasvase de esos conceptos entre Egipto, Babilonia, la India y los árabes, y sin ningún contacto con esas culturas. Algunos autores heterodoxos se preguntan si alcanzaron por sí mismos ese sorprendente nivel de creatividad matemática, o recibieron una misteriosa ayuda de «alguien» (quizás «alien») que les transmitió esos conocimientos.

La extinción del Quinto Sol

Tanto crecieron las aguas, que cubrieron
los altos montes de debajo del cielo
Génesis, 7: 19

Los sabios mayas describieron su versión de la Creación en un manuscrito sobre piel de venado llamado *Popol Vuh* («Libro del Consejo»). Ese texto, considerado sagrado, se perdió durante la conquista o, más probablemente, fue destruido por el furor inquisitorial de los frailes que acompañaban a los conquistadores. Los mayas kiché de Guatemala, que habían mantenido oralmente las tradiciones de sus antepasados, vertieron su memoria del *Popol Vuh* en una versión escrita en 1542. Allí se describe el nacimiento y destrucción de los cuatro soles anteriores al Quinto Sol actual. En el prólogo hay una alusión al Dios cristiano, a causa de la conversión de los kiché al catolicismo, o al menos para que los frailes no censuraran nuevamente el texto escrito.

Durante el Primer Sol de la cosmogonía maya se crearon los pájaros, los animales, que solo se ocupaban de su sustento y sus crías, y no de adorar a los dioses. Estos pensaron en crear una nueva raza, que pudiera adorarlos y poblar la Tierra. Pero esos seres fueron hechos de ceniza y niebla, por lo que no podían asentarse en el planeta ni reproducirse. Arrepentidos, los dioses provocaron una inundación, semejante al Diluvio universal que describe la cita bíblica en la cabecera de este capítulo. Los seres supervivientes se convirtieron en peces, y este fue el Sol del elemento Agua.

PRÓLOGO DEL POPOL VUH DE 1542

Este es el principio de las antiguas historias de este lugar llamado Kiché. Aquí escribiremos y comenzaremos las antiguas historias, el principio y origen de todo lo que se hizo en la ciudad de Kiché, por las tribus de la nación kiché.

Y aquí traeremos la manifestación, la publicación y la narración de lo que estaba oculto, la revelación por Tzacol, Bitol, Alom, Qaholom, que se llaman Hunahpú-Vuch, Hunahpú-Utiú, Zaqui-Nimá-Tziís, Tepeu, Gucumatz, U Qux Cho, U Qux Paló, Ah Raxá Lac, Ah Raxá Tzel, así llamados. Y la declaración, la narración conjunta de la Abuela y el Abuelo cuyos nombres son Ixpiyacoc e Ixmucané, amparadores y protectores, dos veces abuela, dos veces abuelo, así llamados en las historias kichés, cuando contaban todo lo que hicieron en el principio de la vida, el principio de la historia. Esto lo escribiremos ya dentro de la ley de Dios, en el Cristianismo, lo sacaremos a luz, porque ya no se ve el Popol Vuh, así llamado, donde se veía claramente la venida del otro lado del mar, la narración de nuestra oscuridad, y se veía claramente la vida.

Existía el libro original, escrito antiguamente, pero su vista está oculta al investigador y al pensador. Grande era la descripción y el relato de cómo se acabó de formar todo el cielo y la tierra, cómo fue formado y repartido en cuatro partes, cómo fue señalado y el cielo fue medido y se trajo la cuerda de medir y fue extendida en el cielo y en la tierra, en los cuatro ángulos, en los cuatro rincones, como fue dicho por el Creador y el Formador, la madre y el padre de la vida, de todo lo creado, el que da la respiración y el pensamiento, la que da a luz a los hijos, el que vela por la felicidad de los pueblos, la felicidad del linaje humano, el sabio, el que medita en la bondad de todo lo que existe en el cielo, en la tierra, en los lagos y en el mar.

Traducción de Adrián Resinos, editada por Miguel Rivera.

Entonces, en el Segundo Sol, los dioses usaron el barro para dar forma a gigantes, hombres y mujeres enormes pero de cuerpos blandos, que por su peso eran lentos y muy torpes, al punto de que si caían al suelo no podían volver a levantarse. Los dioses comprendieron que se habían equivocado otra vez, y ordenaron a los jaguares y las alimañas que eliminaran a toda esa errónea especie. Porque su fin vino de animales terrestres, fue el Sol del elemento Tierra.

El Tercer Sol alumbró un nuevo intento divino, con individuos de ambos sexos hechos de madera, que se alimentaban con el caldo de una planta antecesora del maíz. Pero esos muñecos vivientes no tenían alma, y el dios del Sol, Ahau Kin, lanzó sobre la Tierra una lluvia ardiente que calcinó al planeta, y sus habitantes se convirtieron en aves. Fue el Sol del elemento Fuego.

El Cuarto Sol fue casi un éxito gracias a Kukulcán, el gran dios representado como una serpiente emplumada. Este dios (al que los aztecas llamaron Quetzalcóatl) entregó el maíz como alimento a los hombres y mujeres de ese mundo. El cultivo y consumo del abundante grano dorado les permitió disponer de un alimento suficiente y nutritivo. Los dioses celebraron la feliz idea de Kukulcán, pero Ekalchot, el dios del viento, envidiaba a su exitoso colega. A medida que los habitantes del cuarto mundo progresaban, la envidia de Ekalchot se convirtió en una furia incontrolada. Envió sobre la Tierra un torbellino de vientos giratorios que lo arrasaron todo, y que los mayas llamaron *Hurakan*. Fue el Sol del elemento Aire.

Después de cuatro fracasos en el intento de crear a los seres humanos, Hunab Ku, el supremo dios creador, convocó a todos los dioses a un consejo en la ciudad sagrada de Teotihuacan. El consejo decidió moler granos de maíz, para amasar una pasta con la que dio forma a dos hombres y dos mujeres. Estos fueron los fundadores de la especie humana del Quinto Sol, que los mayas veneraban como los «Grandes Abuelos». El encargado de ordenar la creación de un nuevo mundo fue Ollín, el dios del movimiento. Así surgió el Quinto Sol, el actual, bajo el cual todo se mueve. El propio Sol, la Luna, y los planetas se trasladan en el cielo, los mares con sus olas y mareas, los ríos que fluyen sin cesar, los animales y las plantas, las personas y la propia vida, que nace, crece, madura, envejece y muere. Todo es movimiento cíclico, muy grato al pensamiento maya. Pero según hemos visto, este mundo actual también forma parte de un ciclo de mundos, pasados y futuros, cada uno de 5.126 años de duración. Deberá por tanto ser destruido para dar paso a un nuevo Sol. De acuerdo con los mayas y su Cuenta Larga, eso ocurrirá muy pronto, en el solsticio de invierno del año 2012. ¿Por qué deberíamos creer que tal profecía podría cumplirse?

*De acuerdo con la cronología maya, la era actual Comenzó
el 12 de agosto de 3114 a. C. y terminará el 22 de diciembre de 2012 d. C.
En ese momento la Tierra como la conocemos será
destruida de nuevo por terremotos catastróficos.*

Adrian G. Gilbert

Los mitos y los hechos

Cuando un determinado mito aparece en varias culturas que no han tenido contacto entre sí, algunos antropólogos heterodoxos tienden a suponer que ese mito se basa en un acontecimiento planetario real, que esos pueblos han compartido. Un hecho lo bastante lejano en el pasado como para que su memoria se conserve en forma mítica o legendaria.

Veamos ahora si esa premisa podría cumplirse en el caso de los cuatro soles de la cosmogonía maya que antecedieron a nuestra era del Quinto Sol.

PRIMER SOL

Antes se ha señalado la semejanza entre la inundación que destruyó el Primer Sol de los mayas y el Diluvio universal del *Génesis*. En realidad los apartados 6 y 7 del primer libro del *Antiguo Testamento* son una suerte de *remake* de uno de los pasajes del *Poema de Gilgamesh*, un texto sumerio sobre tablas de arcilla datado en 2650 a.C., que se considera la primera narración escrita de la historia. Por otra parte, el mito del diluvio se registra en culturas antiguas tan distantes entre sí como la hindú, la griega, o la pascuense.

Según los estudios geológicos, en el sucederse de glaciaciones y deshielos nuestro planeta nunca llegó a ser cubierto totalmente por las aguas. Tampoco las lluvias y tormentas, por más fuertes que fueran, pudieron dar lugar a un Diluvio universal. Pero el hecho de que no existiera una inundación planetaria, no impide que se produjeran inundaciones locales. Una teoría reciente sostiene que el deshielo de la última glaciación, hace unos 10.000 años, pudo elevar el nivel de los mares lo bastante para producir inundaciones regionales muy extensas, sobre todo en zonas costeras e islas. Entre las culturas antiguas con mitos diluvianos, la tierra ancestral del pueblo hebreo se encuentra en la gran llanura mesopotámica, de bajo nivel sobre el mar y una extensa costa en el Mediterráneo; tanto la India como Grecia son penínsulas, y esta última incluye numerosas islas; Pascua es una isla aislada en medio del Pacífico Sur. Todas estas culturas fueron por lo tanto susceptibles de sufrir intensas inundaciones locales. En cuanto a los propios mayas, la costa de la península de Yucatán está formada por tierras bajas, proclives a inundarse ante una subida extraordinaria de las aguas del Caribe y el Golfo de México.

Segundo Sol

En la cosmogonía maya, el Segundo Sol iluminó un mundo habitado por seres gigantescos. En este mito También coincide la Biblia cuando dice: «Existían entonces los gigantes en la tierra, y también después, cuando los hijos de Dios se unieron con las hijas de los hombres y les engendraron hijos» *(Génesis, 6:4)*. Los exégetas bíblicos no se ponen de acuerdo sobre si los gigantes eran también «los hijos de Dios», o se trataba de una tercera especie o de ángeles descendidos, ya que el género humano se cita expresamente en el mismo pasaje como distinto de los dos anteriores. Aparte de este ilustrativo apartado, los gigantes aparecen varias veces más en el texto de las Escrituras. Algunos estudiosos han observado que Goliat, el adversario de David, pudo ser un ejemplar de esa raza desaparecida.

La idea de que el ser humano tuvo unos antepasados gigantescos se presenta también en otras culturas, por ejemplo en los mitos hindúes, egipcios, griegos, nórdicos, germánicos, irlandeses, incas, y vascos. La paleoantropología cultural no reconoce estatus científico a esta presunta raza prediluviana, aduciendo que no se registra prueba alguna de su existencia. No obstante, se han hecho hallazgos concretos, como los numerosos restos óseos de individuos de entre 2,5 y 4 m hallados en Norteamérica, tanto en Canadá como a lo largo y ancho de los Estados Unidos.

En el resto de América se han dado hallazgos semejantes, literalmente de un extremo al otro: México y la Patagonia. Mientras concluía la conquista de México, Hernán Cortés envió al rey de España un fémur humano de más de un metro de largo. Casi exactamente en las mismas fechas, en Junio de 1520, Hernando de Magallanes recaló en el golfo de San Julián, en la costa del Atlántico sur de la actual Argentina. Allí encontró un grupo de nativos muy altos, de unos 2,50 m de estatura. Sus pies, cubiertos con pieles para combatir el frío, parecían aún más enormes, como patas de animales. Por eso el navegante portugués los llamó «patagones», y de allí viene el nombre de la Patagonia. En realidad se trataba de los indios Onas, la tribu más austral de todo el planeta. Y Magallanes es el único testigo histórico que vio una raza de gigantes en vivo y en directo.

Los descubrimientos de restos humanos gigantescos no se limitan a las Américas, sino que se reparten por los más diversos territorios. Entre otros, hubo hallazgos significativos en Rusia, Túnez, Filipinas, Siria o Turquía, que sería prolijo detallar aquí. Hay fotografías muy claras de muchos de esos restos, varios con mechones pelirrojos en el cráneo y la mayor parte encontrados junto a armas y utensilios que indican que no se trataba de grandes primates. Pese a estos consistentes testimonios materiales, la ciencia los ignora y guarda silencio.

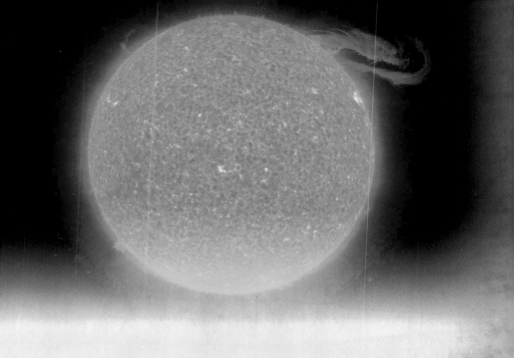

TERCER SOL

El Tercer Sol de los mayas fue destruido por una lluvia de fuego que calcinó a sus habitantes. Desde el punto de vista científico un fenómeno de ese tipo solo puede explicarse por dos motivos: las erupciones volcánicas, o el choque de un aerolito. El primer caso es el más probable, ya que en América Central se extiende la famosa cordillera de la Sierra Madre, y en ella un tramo volcánico muy activo, conocido como «El anillo de fuego». Sin embargo su disposición no es anular sino lineal, y se extiende por todo el istmo centroamericano siguiendo la costa del Pacífico. La región montañosa que abarca el noreste de Guatemala y parte del actual estado mexicano de Chiapas, corresponde a las «tierras altas» donde surgieron las primeras comunidades mayas socialmente organizadas, como Takalit u Ocós, entre otras. No sería extraño que los mayas preclásicos mantuvieran la memoria de una erupción

Algo está sucediendo ahora mismo en nuestro sistema solar, que inicia el proceso hacia un acontecimiento estelar extraordinario con gran influencia sobre nuestro planeta.

o una serie de erupciones catastróficas, que en un pasado lejano habrían extinguido a la mayor parte de la población de la zona. La capacidad destructiva de la actividad volcánica es conocida, y ha producido trágicas hecatombes a lo largo de la historia, como la destrucción de la ciudad romana de Pompeya por el Vesubio, el 24 de agosto del año 79 d.C.; o el hundimiento de dos tercios de la isla polinesia de Krakatoa el 27 de agosto de 1883, por la erupción del volcán del mismo nombre, que además causó tremendos desastres en toda la región.

En cuanto a la teoría del choque de un meteorito, la historia geológica de la Tierra registra numerosos fenómenos de ese tipo. Uno de los impactos más impresionantes se produjo en la península de Yucatán hace 65 millones años, cuando aún no existía la especie humana. En 1978 el geofísico Glenn Penfield, que trabajaba en una prospección de petróleo, descubrió el cráter de un enorme meteorito de 170 km de diámetro. Su centro se situaba donde hoy se encuentra la aldea de Chicxulub, en el extremo norte de la costa yucateca. Estudios posteriores establecieron que la tremenda colisión liberó una inmensa cantidad de energía, que provocó tsunamis en todas direcciones y dejó una capa de polvo y partículas que oscureció totalmente la superficie del planeta. Según una idea generalmente aceptada, esta catástrofe marcó el paso del cretáceo al terciario y exterminó a la mitad de las especies vivientes, incluyendo a los dinosaurios.

CUARTO SOL

Unos terribles ciclones y huracanes desatados por el dios del viento, devastaron y destruyeron la vida bajo el Cuarto Sol. Esta versión mitológica de los mayas puede tener también un fuerte asidero en la realidad meteorológica de Mesoamérica. Como podemos ver cada tanto en la prensa y la televisión, el Caribe es arrasado cíclicamente por tremendos ciclones que destruyen todo a su paso. Se trata de fenómenos que se originan en el mar y se dirigen rápidamente hacia las costas de América Central y México, alcanzando a menudo la isla de Cuba, la península de Florida, y en ocasiones penetran aún más en el sur

Un meteoro reciente

El lunes 2 de marzo de 2009, a las 14,44 h, un gran asteroide cruzó sobre la isla de Tahití, en el Pacífico sur. Tenía el tamaño aproximado de un edificio de diez plantas, y avanzaba a una velocidad de 92.000 km/h. «Rozó» nuestro planeta a unos 70.000 km de altura, cifra que a nivel astronómico significa una notable cercanía (un 20% de la distancia de la Luna). Señalemos que la trayectoria de un aerolito puede ser desviada por la atracción del magnetismo terrestre o por el roce con la atmósfera, y de haberse producido el choque hubiera liberado una explosión equivalente a 1.000 bombas atómicas como la arrojada sobre Hiroshima. Esa fue la energía liberada en 1908 por la explosión de un aerolito de tamaño similar sobre Siberia. Afortunadamente ese meteoro estalló antes de tocar la superficie, y sobre una región deshabitada. Sin embargo su fuerza expansiva derribó 80 millones de árboles en un radio de 2.000 kilómetros cuadrados. El asteroide de febrero de 2009 fue bautizado como DD45 por la NASA, cuyos científicos advirtieron que «puede volver a visitarnos».

y centro de los Estados Unidos. Los ciclones del Caribe solo se producen de junio a noviembre de cada año, con especial incidencia en agosto y septiembre. Su fuerza es variable y disminuye a medida que se alejan de su punto de generación. Sus manifestaciones destructivas son vientos huracanados, prolongadas lluvias torrenciales, tempestades giratorias y bruscas subidas de las mareas, que pueden desencadenar violentas inundaciones.

Los ciclones anuales se producen en esa región desde hace miles de años, por lo menos desde que se instaló en el planeta el actual régimen meteorológico. Es perfectamente posible que uno de ellos, de fuerza especialmente intensa, hubiera azotado la península de Yucatán en algún momento remoto. ¿Qué hubiera sucedido a sus pobladores? Tomemos como ejemplo el ciclón bautizado como «Katrina» (en homenaje a los semidioses hopi), que azotó el sur de los Estados Unidos en agosto de 2005. Su paso causó una verdadera catástrofe en Nueva Orleans, destruyendo barrios enteros y provocando una inundación que cubrió el 85% de la ciudad y alcanzó en algunos puntos los 7 m de altura. El agua y los vientos huracanados destruyeron centenas de edificios, inutilizaron todos los servicios urbanos y colapsaron los sistemas asistenciales, con un saldo de 1.836 muertos y miles de heridos y familias sin hogar.

Supongamos que un huracán similar al Katrina se hubiese desatado sobre el Yucatán de hace miles de años. Por entonces los mayas, o sus antecesores los olmecas, eran cazadores y recolectores que vivían en aldeas formadas por chozas de adobe y paja. Es más que probable que la fuerza de un ciclón semejante lo destruyera todo, y aniquilara a la mayor parte de la población. La destrucción del Cuarto Sol no es necesariamente un mito, sino que pudo ser un tipo de catástrofe natural cuyo poder destructor se sigue manifestando en la actualidad. Y lo mismo ocurre, con ligeras variantes, en los tres soles anteriores: las ciencias naturales registran fenómenos semejantes a los que describe la cosmogonía maya, con el aditamento religioso y mágico que caracterizaba a su cultura.

Algo ocurre en el cielo

Los últimos avances de la astronomía científica podrían confirmar la versión maya sobre la fecha final de su Quinto Sol. Algo está sucediendo ahora mismo en nuestro sistema solar, que inicia el proceso hacia un acontecimiento estelar extraordinario con gran influencia sobre nuestro planeta. La ciencia estima que ese fenómeno excepcional alcanzará su punto culminante —qué casualidad— en el solsticio de invierno del año 2012.

Pero vayamos por partes, comenzando por explicar brevemente los fenómenos astronómicos implicados en la situación:

PRECESIÓN

Es un lento pero continuo cambio gravitacional en la rotación de un cuerpo celeste, ya sea sobre sí mismo o en su recorrido orbital. El eje de rotación de la Tierra efectúa una pausada precesión que traza un cono invertido y cierra su ciclo cada 26.000 años. Para simplificar la explicación de este fenómeno, es frecuente compararlo con el giro de una peonza; pero en este caso los magnetismos del Sol y La Luna actúan en forma casi paralela al eje de rotación, mientras que en la precesión terrestre lo hacen en sentido perpendicular a dicho eje.

Huracán Katrina a su paso por el Golfo de México. Fue la tercera tormenta más poderosa de la temporada de huracanes en el Atlántico de 2005.

EQUINOCCIOS

Son los momentos del año en que el Sol corta el plano del ecuador celeste (círculo paralelo al ecuador terrestre, en una esfera celestial imaginaria), y hace que el día y la noche sean iguales en todo el planeta. El de primavera se produce el 21 de marzo en el hemisferio norte, y el de otoño el 23 de septiembre, siendo a la inversa en el hemisferio sur.

SOLSTICIO

Son los momentos anuales opuestos a los equinoccios, cuando el Sol se encuentra más alejado del ecuador celeste. El solsticio de verano se produce en el hemisferio norte el 21 de junio, el de invierno el 21 de diciembre, y lo contrario en el hemisferio sur.

ECLÍPTICA

Es la línea curva que recorre el Sol en su movimiento aparente, observado desde la Tierra. Su nombre proviene de «eclipse», fenómeno que se produce cuando la órbita de la Luna corta la eclíptica del Sol.

ELÍPTICA

Se denomina órbita elíptica al recorrido de un astro que gira alrededor de otro astro central describiendo una elipse oval, como en las órbitas de los planetas del Sistema Solar. En astrodinámica una órbita elíptica debe tener una excentricidad mayor que cero y menor que uno, ya que una órbita con excentricidad de exactamente cero trazaría un círculo perfecto.

VÍA LÁCTEA

Es la galaxia a la que pertenece el Sistema Solar. Tiene el aspecto de una espiral alargada, con una abertura en un extremo y un presunto «agujero negro» en el centro. Se calcula que forman parte de ella entre 200 y 400 millones de estrellas y, como todo el Universo, está en continua y acelerada expansión.

MAGNETISMO TERRESTRE

Nuestro planeta posee un campo magnético que nace en el núcleo central y se expande y atenúa progresivamente hacia el espacio exterior. Esto produce una «magnetosfera» que protege a la Tierra de los vientos solares y actúa como un inmenso imán con sus correspondientes polos magnéticos. La aguja imantada de las brújulas apunta por tanto al Polo Norte magnético, y no al geográfico.

LA INVERSIÓN DE LOS POLOS MAGNÉTICOS

La precesión de los equinoccios produce varios efectos comprobados. Quizá el más notable sea la inversión de los polos magnéticos de la Tierra, algo que ocurre cada tanto en periodos variables desde hace millones de años. Según calculan los científicos, el último cambio de polaridad tuvo lugar hace 750.000 años, lapso bastante más largo que los intervalos anteriores.

Existen indicios de que estamos en el declive del presente ciclo de inversión de los polos. El Polo Norte magnético se ha desplazado ya a 1.800 km del polo geográfico, en dirección a Alaska situándose en el ártico canadiense. En consecuencia llegará un momento en que la llamada Estrella Polar o Polaris se haya alejado del Polo Norte magnético y sea reemplazada por la estrella Vega de la constelación de Lira. Los polos magnéticos se invertirán, y las agujas de las brújulas señalarán hacia el Sur. Mientras los polos magnéticos se van intercambiando, varía también todo el diseño del firmamento estelar observable desde la Tierra.

Asimismo está cambiando lentamente la posición de la Tierra en su órbita alrededor del Sol, lo que influye sobre los solsticios y equinoccios. Por ejemplo, si marcamos la posición orbital de nuestro planeta en un solsticio de invierno, cuando la inclinación del eje terrestre apunta directamente al Sol, y si marcamos esa misma posición orbital al año siguiente, la inclinación axial ya no apuntará tan directamente al Sol. Habrá una leve diferencia producida por la precesión, que retrasa el ciclo de las estaciones establecido en la Tierra (Año tropical) en unos 20 minutos respecto al año sideral, medido por la posición aparente del Sol en relación con otras estrellas.

El Polo Norte magnético se ha desplazado 1.100 kilómetros en el último siglo, lo que representa un movimiento sin precedentes en los últimos 2.600 años que anuncia bruscos cambios geomagnéticos futuros.

La esfera imperfecta

Como es sabido, nuestro planeta no es exactamente una esfera, sino un esferoide ligeramente abultado en su ecuador, cuyo diámetro horizontal es 43 km más ancho que el diámetro vertical que pasa por los polos. Debido a la precesión, durante buena parte del año la mitad más expuesta al Sol se descentra a causa de recibir un mayor impacto magnético. Esa circunstancia forma una especie de collar sobre el lado menos expuesto de la superficie terrestre. El eje de la circunferencia de ese collar es aproximadamente perpendicular al eje de rotación, motivando la precesión de este. Si la Tierra fuera una esfera perfecta, no existiría la precesión de los solsticios.

Otra observación interesante es que la fuerza magnética de la Tierra está disminuyendo, hasta haber perdido el 10% de su intensidad en los últimos 160 años. Esa declinación sigue acelerándose cada vez más: en una escala de 1 a 10, siendo diez la mayor intensidad de una fuerza magnética, en 1966 la fuerza del magnetismo terrestre era de 1,5 y en la actualidad ya ha caído a menos de uno. Al producirse la desaparición total de su campo magnético nuestro planeta seguirá rotando sobre sí mismo por inercia, pero cada vez con mayor lentitud, lo que afectará a la duración del día y de la noche, que serán progresivamente más largos. Finalmente la Tierra se detendrá por completo, y durante tres días permanecerá quieta. Luego reiniciará su rotación, pero en sentido contrario al que lleva actualmente.

El campo magnético terrestre es como un enorme imán, que interactúa con las fuerzas magnéticas del Sol, la Luna y el planeta Venus. Los calendarios mayas se basan precisamente en los desplazamientos de esos tres astros. La astronomía actual ha calculado que el cambio magnético requiere entre 25.000 y 26.000 años; la duración total de los cinco soles de la Cuenta Larga es de 25.630 años. Esa es asimismo la duración del ciclo que cumple el Sol orbitando Alción, la estrella central del grupo de las Pléyades. Este grupo también conocido como «Las siete hermanas», está rodeado por un cinturón de luz que será atravesado por el Sol poco antes de completar el ciclo. (*Continúa en la pág. 73.*)

EL NACIMIENTO DE VENUS

Dentro de su compleja cosmogonía, los mayas creían que el comienzo mágico de su civilización se había producido en el mismo momento del nacimiento de Venus, planeta al que otorgaban especial importancia. En ese instante mágico se inicia la Cuenta Larga, y con ella la base de sus profecías y su memoria del pasado. En cierto sentido Venus era para ellos más importante que el Sol, en tanto su ciclo marcaba el momento de los sacrificios humanos, que se ejecutaban cuando aparecía en su mayor magnitud estelar; y su conjunción con Júpiter resultaba un indicio favorable para lanzarse a sus guerras de expansión territorial.

Venus era posiblemente el astro más y mejor estudiado por los astrónomos mayas, que llegaron a conocerlo con más exactitud que cualquier otra civilización de la época. Lo consideraban el «hermano» de la Tierra, en tanto tiene un tamaño similar, es el más próximo, y la estrella más brillante de nuestro firmamento. Conocían perfectamente su ciclo anual sinódico* alrededor del Sol, que cada 584 días coincidía con el de la Tierra, y cada 2.922 días ambos astros se alineaban con el Sol, cuando Venus pasaba entre este y nuestro planeta. Para los mayas Venus era uno de los dioses astrales, junto al Sol y la Luna, y la denominaban *Ah-Chikum-Ek* cuando se mostraba por la mañana o *Lamat* si la veían por la tarde. En el códice de Dresden, documento maya precolombino, se reproduce claramente un calendario basado en el ciclo anual venusino.

---

*Se llama año sinódico al tiempo que transcurre entre dos conjunciones consecutivas de la Tierra con un mismo planeta.

TRES DÍAS DE LUZ O DE TINIEBLAS

Pensar que puede haber tres días en que la Tierra permanecerá inmóvil, puede resultar absurdo a algún lector escéptico. No obstante algunos mitos del pasado parecen referirse a una situación de ese tipo, en la que el Sol brilla constantemente, mientras la otra cara del planeta permanece a oscuras. Antiguos jeroglíficos egipcios aluden a un día muy largo, después del cual el Sol salió por el poniente y se ocultó por el levante. La Biblia, por su parte, relata en el Libro de Josué que el líder hebreo, después de hablar con Yavé, dijo: «Sol, detente sobre Gabaón; y tú, luna, sobre el valle de Ayalón. Y el sol se detuvo y se paró la luna, hasta que la gente se hubo vengado de sus enemigos (...) El sol se detuvo en medio del cielo, y no se apresuró a ponerse, casi un día entero» (Josué, 10:12-13).

El final del Quinto Sol de los mayas coincidirá con un fenómeno astronómico totalmente excepcional. Al producirse el solsticio de invierno, el Sol se colocará exactamente en un punto único del Universo: el cruce de la Vía Láctea y el equinoccio galáctico, una posición que alineará al astro rey con el centro exacto de nuestra galaxia. Se supone que ese centro es un «agujero negro» supermasivo, que produce una emisión muy potente de ondas de radio y quizás otras vibraciones cósmicas desconocidas. Si a eso agregamos la desaceleración y la pérdida de magnetismo de la Tierra, deberemos aceptar que los mayas no se equivocaron al predecir que algo excepcional ocurriría en el cielo en torno al año 2012.

Las Profecías de Pakal el Grande

El arqueólogo franco-mexicano Alberto Ruz Lhuillier dirigía en 1948 las excavaciones de la ciudad maya de Palenque, que exhibe una de las más ricas y extensas muestras testimoniales del pasado de Mesoamérica. El más imponente de esos monumentos es el Templo de las Inscripciones, llamado así por los numerosos jeroglíficos inscriptos en las placas de piedra que decoran el corredor de la entrada principal. Ruz Lhuillier y sus colaboradores habían logrado entrar en una de las estancias interiores, donde descubrieron una gran losa pétrea de forma triangular que taponaba una especie de pasadizo subterráneo. Durante los siguientes cuatro años el equipo de arqueólogos realizó varias expediciones, para dedicarse a la poco científica tarea de remover esa enorme piedra y los pesados escombros y cascotes que obstruían la escalinata descendente.

Finalmente, en la expedición de 1952, El tenaz investigador pudo descender los 45 peldaños del pasadizo. En los últimos escalones, junto a una recámara, se agrupaban seis esqueletos adolescentes, probables víctimas de un sacrificio ritual funerario. Sus cráneos se veían deformados en forma oval, como correspondía a los hijos de la aristocracia, y mostraban los dientes destrozados a golpes, por lo que se supone que habían sido sacrificados en una ceremonia

La tumba de Pakal II, el más conocido de los Señores de Palenque, fue considerada uno de los hallazgos arqueológicos más importantes de Mesoamérica.

fúnebre. Ruz Lhuillier entró luego en una cámara mortuoria de 4x8 m, con el techo a 6 m de altura y las paredes ricamente decoradas con figuras y escenas pintadas al estuco. En el centro de la estancia había una gran plataforma de piedra sobre la cual reposaba una lápida de más de cinco toneladas de peso. Su cara externa mostraba en bajorrelieve a un importante personaje, rodeado de un abigarrado marco de elementos simbólicos. Al retirar esa losa, los arqueólogos vieron un sarcófago en el que reposaba un esqueleto masculino envuelto en un sudario cubierto de joyería, y con una hermosa máscara de jade sobre el rostro. Eran los restos de Pakal II, el gran rey sacerdote que había gobernado en Palenque entre los años 631 y 683 d.C., y uno de los personajes más enigmáticos y sugestivos en la historia de la Mesoamérica precolombina.

Pakal el Grande cobró súbita actualidad en los últimos años, al atribuírsele las «Siete Profecías» mayas que predicen la conmoción total de la Tierra y la humanidad en el año 2012. Según la leyenda, el rey profeta anunció sus predicciones después de muerto, por medio de un tubo hueco en forma de serpiente adosado a la escalinata de su mausoleo, que llevaba su voz desde el ultramundo subterráneo a la superficie. (llamado hoy «telektonón» por algunos, pero no por los descendientes de los mayas).

Alberto Ruz Lhuillier.
Nacido en París en 1906, Ruz Lhuillier se trasladó a América en 1921. Tras pasar un tiempo como maestro en La Habana, se trasladó a México, donde obtuvo el doctorado en la Escuela Nacional de Antropología. Fue arqueólogo jefe de la zona maya de 1949 a 1958, y más tarde profesor y director del Centro de Estudios Mayas de la UNAM, así como director del Museo Nacional de Antropología. Su descubrimiento de la tumba de Pakal II en 1952 le dio renombre internacional. Ruz Lhuillier falleció en Montreal, Canadá, en 1979.

UN CADÁVER CON BUENOS DIENTES

El estudio de la dentadura del cadáver enterrado en el Templo de las Inscripciones, creó dudas sobre su verdadera identidad. El desgaste de los dientes analizados correspondía a un hombre de unos 40 años, mientras que Pakal II había muerto a los 80. Esta comprobación produjo una cierta polémica entre quienes sostenían que se trataba ciertamente del gran rey de Palenque, y los que sospechaban que podía ser otro personaje del mismo nombre, como por ejemplo su abuelo Pakal I. Hubo también quien adujo la existencia de un error en la inscripción de la fecha del fallecimiento, algo impensable en los inventores de calendarios casi perfectos. Finalmente fue una tercera explicación la que obtuvo paz y consenso entre los mayanistas: Pakal, por su condición y posición de monarca, había tenido acceso, durante toda su larga vida, a alimentos más delicados y blandos que los que consumían sus súbditos de a pie.

En realidad Pakal II no fue el autor de todas las profecías, ni estas fueron solamente siete. El gobernante de Palenque, cuya existencia histórica nadie discute, fue un hombre muy sabio y respetado en todo el territorio maya por sus conocimientos astronómicos y matemáticos. Reajustó los calendarios heredados de los olmecas, y estableció la fecha astral que marcaría el fin del Quinto Sol. Esa fecha, y la mística humanista de Pakal, inspiraron a varias generaciones de sacerdotes adivinos que los mayas llamaban «chilam», que a su vez enunciaron numerosas profecías sobre los asuntos más diversos relacionados con los dioses, los astros y el destino de su pueblo. Esas profecías se registraban en códices de escritura jeroglífica, que fueron destruidos casi en su totalidad por los

sacerdotes españoles*. No obstante quedaron algunos restos de códices e inscripciones en piedra que dan cuenta de algunas profecías y, sobre todo los «*Chilam Balam*», versiones escritas de las tradiciones orales vertidas por sacerdotes mayas después de la Conquista. Como sabemos *chilam* significa brujo o adivino, y se cree que Balam era el nombre del más famoso de ellos, inmediatamente anterior a la llegada de los españoles. El *Chilam Balam de Chumayel* es considerado el más fiel y completo de esos libros, y en él se profetiza sobre el final del ciclo del Quinto Sol. (*Continúa en la pág. 80.*)

---

* Se dice que la destrucción alcanzó a 1.500.000 escritos de diverso tipo, y no solo por afán religioso. Según parece, algunos de esos textos narraban la llegada de los vikingos y otros navegantes europeos, cuya presencia anterior al Descubrimiento podría cuestionar los derechos de España sobre el Nuevo Mundo.

Los mayas, asimilando el sistema de escritura olmeca, crearon su propia escritura jeroglífica. En sus textos asentaron sus conocimientos y sus mitos.

EL REY DE REYES DE MESOAMÉRICA

Según la mayalogía histórica, el 26 de marzo del año 603 de nuestra era y calendario, un niño de 12 años fue coronado con un aparatoso tocado emplumado que seguía la forma cónica de su cráneo. Con el nombre de Pakal II era el nuevo rey de Palenque, la ciudad maya más extensa y hermosa en toda la Mesoamérica del siglo VII. Su madre, la reina viuda Zac-Kuk, había abdicado a favor de su hijo ni bien este alcanzó la edad requerida para reinar de acuerdo con la tradición. Esta misma tradición contenía una especie de Ley Sálica, que admitía que una mujer pudiera reinar siempre que no hubiera en la estirpe real un varón en condición de ocupar el trono.

El joven había recibido una formación propia de su rango, y ya como soberano siguió estudiando las disciplinas capitales del conocimiento maya: astronomía, matemáticas, arquitectura, religión y adivinación. Se rodeó de los mejores sacerdotes, astrólogos y hechiceros, y se cuenta que en pocos años llegó a ser más sabio que todos ellos. Fue también un notable rey guerrero (Pakal significa «escudo»), que extendió el poderío de Palenque sobre las ciudades mayas occidentales. Prefería no hacerlo por la fuerza, aunque recurría a ella cuando era necesario. También inició un ambicioso plan de construcciones en su propia ciudad capital, levantando bellísimas obras monumentales, y adaptó e impuso los tres calendarios que dominan la medición del tiempo. Admirado y temido como poderoso monarca y sacerdote mago de misteriosa sabiduría, Pakal el Grande gobernó durante 68 años, hasta fallecer el 31 de agosto de 683. Después de su muerte fue adorado como un dios y según su leyenda, siguió comunicándose con sus descendientes por un conducto tubular que llevaba su voz desde la cripta subterránea hasta lo alto de la gran pirámide de nueve plataformas que le sirve de mausoleo.

Las Siete Profecías son en realidad una selección posterior referida a las predicciones relacionadas con el fin de este mundo, y su atribución a Pakal II es en parte real y en parte ficticia. Circulan muy diversas versiones, algunas con evidentes anacronismos «presentistas», como cuando repudian las tecnologías o reniegan del materialismo, otras (y a veces las mismas) con una engañosa desviación mercantilista. A continuación damos un resumen del contenido básico de esas profecías, que en líneas generales son también una advertencia de los sacerdotes mayas a las generaciones futuras:

Primera profecía

Anuncia un periodo de cambios de unos veinte años de duración que, trasladando el calendario maya al gregoriano, se inicia en 1992 y culmina en 2012, cuando finaliza la Cuenta Larga. Se trata de un tiempo que esta profecía compara con un gran salón de espejos, donde tendremos que contemplarnos tal como somos, y se nos dará la última oportunidad de optar por un mundo más espiritual, justo y pacífico.

Segunda profecía

Predice el gran eclipse de Sol del 11 de agosto de 1999*, y de algún modo completa y continúa la profecía anterior, anunciando su faceta más oscura y violenta. A partir de ese fenómeno planetario se iniciará una creciente era de conflictos, guerras, y grandes catástrofes naturales. Será una gran prueba para la humanidad, aunque puede llevarla a un renacimiento más perfecto.

Tercera profecía

Se refiere exclusivamente a una sorpresiva ola de calor que abrumará a nuestro planeta, causada por el recalentamiento del Sol y la ralentización del giro rotatorio de la Tierra. Ese fenómeno traerá serias transformaciones en el

---

* Se trató de un eclipse total, en el que la Luna cubrió totalmente el disco del Sol. Se inició al amanecer sobre Nueva York, atravesó el Atlántico, toda Europa, Medio Oriente y el Asia Menor, hasta finalizar su trayectoria sobre la India, a la hora del atardecer local. Su visibilidad más completa fue en Rumania, donde pudo observarse durante más de dos minutos.

régimen climático, provocará cambios geológicos, afectará al comportamiento de los seres vivos, y a la organización de las comunidades humanas, si estas no recuperan una relación armónica con su entorno natural y cósmico.

Cuarta profecía

Esta predicción explica con más detalle las consecuencias de la anterior. Es una especie de «aviso a navegantes» sobre el derretimiento de los hielos polares por la mayor actividad del Sol, que también aumentará la fuerza de los vientos solares y la intensidad y frecuencia de la actividad volcánica. De acuerdo con esta predicción, ese fenómeno resultará destructivo para la Tierra por el debilitamiento de las defensas naturales del planeta, que se agravaría potencialmente en el «tiempo sin tiempo» que va de 1992 a 2012.

Quinta profecía

Se trata de una adivinación de un matiz distinto, en tanto evita el tono apocalíptico para predecir un futuro de esperanza. Dice que la transformación del planeta y del ser humano significará la desaparición de la vida basada en el miedo y el egoísmo. Después del final del Quinto Sol nuestra especie ya no será la depredadora de su entorno, sino que vivirá en armonía con la naturaleza y con el Universo.

Sexta profecía

Anuncia la aparición de un gran cometa que chocará con la Tierra, o al menos causará severos efectos devastadores. No obstante esos efectos pueden evitarse desviando la trayectoria del cometa por medio de fuerzas físicas o psíquicas, conducidas por una humanidad solidaria. Se aprovecharía así el paso del cometa para utilizar sus energías en ciertas transformaciones. Por ejemplo en la fijación y evolución de esa conciencia colectiva.

Séptima profecía

Un vaticinio que también podríamos llamar «profecía de la esperanza», en tanto anuncia con claridad el surgimiento de un mundo mejor. Describe el momento en que el Sol, abandonando millones de años de brillar en la oscuridad, entra en el amanecer de la galaxia al alinearse con ella. Recibirá entonces un intenso rayo desde el poderoso punto central de la Vía Láctea y lo reenviará a la Tierra, posicionada en la misma línea celeste. Esa energía unirá a todos los seres humanos en una recuperada conciencia divina, se inundarán de plenitud y podrán comunicarse entre sí con el pensamiento, recobrando el poder mental y la paz espiritual que tenían en el comienzo de los tiempos.

¿Hacia un mundo ideal?

Borges decía que todos los libros son un mismo libro. Parafraseando al autor de *El Aleph*, podríamos decir que las Siete Profecías son la misma profecía. O en realidad, distintos enfoques predictivos sobre diversas facetas de un mismo acontecimiento futuro, que para nosotros sería inminente. La suma de todas se puede resumir así:

Al terminar el Quinto Sol se producirá un calentamiento global y un cometa chocará con la Tierra, aunque podríamos evitarlo. A partir del eclipse de 1999 se ha iniciado una era de transformaciones, plagada de conflictos, guerras, y catástrofes, que culminará con un gran deshielo polar y una cadena de erupciones volcánicas. Luego nacerá un nuevo amanecer de la humanidad, como surge el Sol después de una terrible tormenta.

Una de las razones del interés y atractivo que ejercen las Siete Profecías, es su ambigüedad. Su mensaje crea una tensión dramática entre la aniquilación total y la perfección absoluta; entre el pánico ante el anuncio del fin del mundo y la ilusión de vivir una nueva era más venturosa y sabia. Los autores, o sus intérpretes, parecen haberse inclinado por la opción que promete la llamada Séptima Profecía: finalmente llegaremos a un mundo feliz, con todo lo que eso implica para la humanidad, sus comunidades y sus individuos. Las diversas versiones de las Profecías coinciden en que no se trata de la destrucción física del planeta, sino del fin de *este* mundo, signado por el Quinto Sol. ¿Significa también la desaparición de *esta* humanidad? ¿Prevalecerá nuestra especie, o será re-

CATÁSTROFES ENTRE DOS MILENIOS

Resulta inquietante que las manifestaciones catastróficas anunciadas en las Siete Profecías den la impresión de haber aumentado desde la última década del siglo XX, con mayor incremento desde 1999. Veamos una lista las más significativas:

Primera Guerra del Golfo (1991)
Guerras de los Balcanes (1991 – 2001)
Guerras de Afganistán (1992 – 2009)
Ciclón «El Niño» en Tahiti (1998)
Atentado Torres Gemelas de Nueva York (2001)
Segunda Guerra del Golfo (2003)
Terremoto en Irán (2003)
Gran Tsunami en el Pacífico (2004)
Ciclón «Katrina» sobre Nueva Orleáns (2005)
Guerra del Líbano (2006)
Tsunami de Hengchun, en Taiwan (2006)
Invasión de Gaza (2009)

Un dato que resulta curioso es que el terremoto de Irán en el 2003, el devastador tsunami de 2004, y el sismo de Taiwán en el 2006, ocurrieron exactamente en la misma fecha: el 27 de diciembre, una semana después del solsticio de invierno en el hemisferio norte. Otros ejemplos que se podrían agregar a la lista anterior son: el levantamiento zapatista de Chiapas en 1994 (protagonizado por descendientes de los mayas); la rebelión maoísta en Nepal que estalló dos años más tarde; el terrible asalto de los independentistas chechenos al Teatro Dubrovka de Moscú en 2002; la escalada de violencia que en 2006 sumió a Somalia en una cruel guerra civil; la rebelión Tamil que ensangrentó Sri Lanka en el 2008, o los fuertes terremotos que en ese mismo año conmovieron Myanmar y la ciudad china de Sichuán. Si a esto agregamos que el acelerado avance del hambre en el mundo afecta ya a casi 1.000 millones de personas; que la sequía, el sida, y los conflictos étnicos están devastando a la población de África y otras regiones empobrecidas; mientras el mundo desarrollado se enfrenta ahora mismo a lo que puede ser la mayor crisis económica y social de su historia; surge claramente la necesidad de una profunda transformación planetaria como la que vaticinan las profecías mayas.

emplazada por otra angelical y telepática que será muy perfecta, pero no ya la nuestra? Esa incertidumbre, que las predicciones mayas no resuelven, mantiene el conflicto latente entre dos horizontes tan opuestos como dependientes entre sí.

Objeciones escépticas

Algunos aficionados a la cultura y la historia de los mayas no vacilan en afirmar que las famosas Siete Profecías son apócrifas. Los más radicales proclaman que se trata de una patraña montada por ciertos individuos hace solo unas décadas, con el fin de lucrarse vendiendo libros, videos, *gadgets* y suvenires sobre el tema, además de dictar cursos y dar conferencias muy bien pagadas. Como prueba de cargo los incrédulos señalan que los mayas creían que la Tierra era plana, y por lo tanto no podían explicar la precesión de los equinoccios (aunque sí comprobarla), ni predecir la inversión de los polos o el deshielo de los casquetes polares. Otros fenómenos que no conocían los mayas son el magnetismo terrestre, la rotación del planeta, o la presencia de una capa de ozono en su atmósfera que podía crear un «efecto invernadero». Por otra parte, el hecho de que el Sol al alinearse con la Vía Láctea reciba un rayo galáctico y lo reenvíe a la Tierra, es no solo absurdo sino científicamente imposible, al igual que desviar la trayectoria de un cometa, ya sea por medios físicos o por recursos psíquicos.

Los críticos más moderados opinan que las Siete Profecías combinan posibles predicciones de los adivinos mayas, basadas en sus probados conocimientos astronómicos, con invenciones que aluden a descubrimientos posteriores. Por ejemplo, admiten que los mayas, como otros pueblos de la Antigüedad, podían predecir el ciclo de los eclipses de Sol y de Luna, los movimientos de los planetas cercanos, y el desplazamiento de las constelaciones; pero no conocían la noción de telepatía, que surgió a finales del siglo XIX; ni conocían el concepto de ecología, ya que su desarrollo agrícola y urbano se basó en la destrucción

 Las diversas versiones de las Profecías que predicen el fin del Quinto Sol coinciden en que no se trata de la destrucción física del planeta, sino del fin de este mundo, signado por ese Quinto Sol..

parcial de selvas y bosques. La reprobación más severa de esos críticos se dirige a la predicción de las ventajas de una eventual etapa futura, teñidas de moderno ecologismo, anticapitalismo subyacente, y utopías de estilo *New Age*. Aunque esas consecuencias del anunciado cambio planetario se puedan considerar justas y beneficiosas, resulta difícil creer que fueran temas que preocuparan a los sacerdotes mayas. (*Continúa en la pág. 88.*)

SOSPECHOSOS HABITUALES

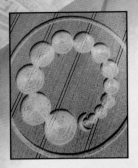

Aunque existen predicciones mayas perfectamente documentadas, lo cierto es que hasta hace unos años nadie había oído hablar de las «Siete profecías». Tampoco las investigaciones arqueológicas han encontrado testimonio alguno de su existencia, por lo que hay serias sospechas de que son falsas. Según parece su primer promotor fue un colombiano de origen libanés llamado Fernando Malkúm, que en 1999 dio a conocer un film documental titulado *Los dueños del tiempo. Las Siete Profecías Mayas.* La ingeniosa iniciativa obtuvo un apreciable éxito, y Malkúm, que hasta entonces había trabajado como documentalista sobre asuntos esotéricos y pseudocientíficos, se transformó en una suerte de gurú de aquellas predicciones, actualizadas para hacerlas más asombrosas. Sus críticos aseguran que Malkún se ha hecho millonario con sus charlas, cursos, y venta de «talismanes mayas» de todo tipo, pero su fama apenas traspone las fronteras de los países andinos y México.

El verdadero gurú universal de la mayalogía sospechosa es el estadounidense de origen hispano José Argüelles, también conocido como Valum Votan, que deja suponer que es una reencarnación del viejo rey sabio de Palenque (los mayas no creían en nada parecido a la reencarnación). Gracias a él millones de personas en todo el mundo saben que ha existido la civilización maya, aunque en una versión un tanto fantástica. Argüelles, nacido en Chicago y doctorado en Historia del Arte, inició su andadura mesiánica en 1987, fundando el movimiento de la Convergencia Armónica por la Paz, basado en el «Calendario de las 13 Lunas». Ese mismo año publicó *El factor maya*, libro que obtuvo un gran éxito popular, y poco después ideó el *Dreamspell* o «Hechizo del Sueño», y para los más ludópatas el Telektonón, un juego inspirado en el supuesto tubo por el que Pakal emitía sus profecías. Este artilugio incluye un tablero, varias fichas, un calendario maya mural, y una caja sarcófago de Pacal Votan.

La gran atracción de Argüelles, el «Hechizo del Sueño», es una especie de extravagante relato de ciencia-ficción. La trama cuenta que hace 23.987 años los seres humanos eran viajeros del tiempo galáctico (¿?), que fueron sorprendidos por los «bandoleros del tiempo». Estos durmieron a nuestros antepasados, que gracias a su raíz cósmica entraron en sus trajes espaciales tridimensionales (los cuerpos) para permanecer encarnados en el planeta Tierra. El relato prosigue en este plan, sin relación alguna con lo que se sabe de la cosmogonía maya y sus mitos creacionales.

Vasija antropomorfa del periodo protoclásico. Un periodo en el que la civilización maya cambió su centro político y económico de las tierras del sur a la zona central.

Las auténticas profecías

Los *chilam*, o sacerdotes adivinos, desempeñaban un importante papel en las sociedades mayas. Sus predicciones tenían fundamentos astrológicos, y se referían tanto a las intenciones y deseos de sus tornadizos dioses, como al momento conveniente para la siembra o la cosecha, o el día propicio para una boda. De algún modo, toda la vida de la gente y sus actividades estaban orientadas por los *chilam*. Había también predicciones menos inmediatas y más trascendentes, vinculadas a acontecimientos futuros en el cielo y en la Tierra. Lamentablemente, la mayor parte de esas profecías se han perdido, fueron destruidas, o aún no han sido encontradas. Entre los testimonios arqueológicos disponibles ninguno indica claramente que los mayas predijeran el fin definitivo del mundo, aunque el final de la Cuenta Larga puede considerarse como el anuncio de un cambio fundamental en el transcurrir de la humanidad.

LOS SECRETOS DEL VATICANO

Se dice que los subterráneos de la Biblioteca del Vaticano guardan gran cantidad de códices y otros testimonios mayas, enviados a Roma en el siglo XVII por el obispo Diego de Landa. La Santa Sede decidió mantener en secreto la existencia de esos documentos, según parece porque consideró que su contenido y revelaciones podían perjudicar el dominio terrenal y espiritual de la Iglesia. La historia resulta verosímil, ya que sería extraño que los prelados católicos del Yucatán decidieran destruir in situ y por propia cuenta toda esa valiosa documentación. Lo lógico sería que enviaran los documentos más inquietantes o comprometedores al Vaticano, para que las altas autoridades eclesiásticas decidieran su destino.

Existen algunas predicciones mayas en ciertas inscripciones y estelas de piedra situadas en distintos yacimientos, pero la principal fuente de profecías es el *Chilam Balam de Chumayel*. Este documento fue escrito después de la conquista por cinco grandes sacerdotes mayas convertidos al catolicismo. El principal de ellos y que da nombre al documento es Balam, descendiente de una respetada estirpe de adivinos. Es posible que Balam tuviera la oportunidad de leer directamente los «Libros antiguos» que registraban las predicciones de generaciones anteriores, o por lo menos recibir su contenido en una versión oral de primera mano. Los otros cuatro redactores son Napuctun, Al Kauil Chel, Nahau Pech, y Natzin Yubun Chan.

Los mayas utilizaban un lenguaje metafórico y poético, que al escribirlo por medio de glifos no incluía artículos, preposiciones, conectores, etc. Los frailes misioneros mantuvieron estas características al pasarlo al latín, por lo que su comprensión y traducción se hizo especialmente difícil. Por esta razón existen varias versiones en distintas lenguas modernas[*], que pese a sus diferencias coinciden en el mensaje fundamental de los autores originales.

Algunos especialistas sostienen que, ante la llegada de los españoles, los sacerdotes *chilam* trasladaron a ese acontecimiento histórico las profecías originales referidas al fin del Quinto Sol. Probablemente porque para los mayas la Conquista significó la destrucción de su civilización y sus creencias, sorpresivamente adelantada en relación con la Cuenta Larga. Si leemos sus predicciones desde esa perspectiva, resultan más apropiadas para describir un eventual final de este mundo. Dice por ejemplo el gran sacerdote Nahau Pech: «En los días que vienen, cuando se detenga el tiempo, Padre, cuando haya entrado en su señorío el Cuarto Katún […] como hormigas irán los hombres detrás de su sustento, porque como fieras del monte estarán hambrientos, y como gavilanes estarán hambrientos, y comerán hormigas y tordos, y grajos, y cuervos, y ratas».

---

[*]Para la presente edición se consultó la primera versión completa en español, traducida en 1930 por Antonio Mediz Bolio.

Y su colega Napuc Tun lo describe así: «Arderá la tierra y habrá círculos blancos en el cielo. Chorreará la amargura, mientras la abundancia se sume […] Será el tiempo del dolor, del llanto y la miseria». ¿Por qué escribir en tiempo futuro lo que ya ha sucedido o está sucediendo?

El prólogo del Libro de las profecías del *Chilam Balam de Chumayel*, que se declara inspirado por el propio Balam, comienza diciendo: «Estas palabras compuestas aquí son para ser dichas al oído de los que no tienen padre y de los que no tienen casa». En el lenguaje metafórico y elusivo de los mayas, puede entenderse como los supervivientes de una invasión y una matanza. Continúa el texto más adelante: «Son las que dicen que vendrán al entrar el cristianismo…». En realidad el cristianismo ya había entrado (puesto que los *Chilam Balam* son posteriores a la Conquista), y por cierto como una verdadera hecatombe para los mayas: «Estos Hombres de Dios —agrega el mismo prólogo—, doblando la espalda sobre la tierra virgen, manifestaron la carga de las penas, en presencia de Dios Nuestro Padre, cuando venga a entrar el cristianismo. Vómitos de sangre, pestes, sequías, años de langosta, viruelas, la carga de la miseria, el pleito del diablo. En el cielo habrá círculos blancos y arderá la tierra…» Si el cristianismo aún no había entrado, cabe preguntarse quién es «Dios Nuestro Padre» para los mayas politeístas. ¿Hunab Ku, o el Dios de los cristianos? Y si bien los conquistadores y sacerdotes pudieron traer muchas desgracias, no por cierto plagas como «sequías y años de langosta», para no mencionar los círculos blancos en el cielo y el incendio del planeta.

Esos males se parecen bastante a los que invocan otras profecías sobre el fin del mundo, desde el Apocalipsis hasta Nostradamus, y no a las consecuencias de la conquista de Hernán Cortés con sus fanáticos frailes misioneros. Si se lee en esa clave el *Chilam Balam de Chumayel*, se puede decir que contiene, al menos en buena parte, las profecías mayas sobre el fin de este mundo.

Página del códice Dresden. Los mayas utilizaban un lenguaje metafórico y poético que escribían por medio de glifos.

CHILAM BALAM DE CHUMAYEL
LIBRO DE LAS PROFECÍAS

[Fragmento]

Estas palabras compuestas aquí son para ser dichas al oído de los que no tienen padre y de los que no tienen casa. Estas palabras deben ser escondidas, como se esconde la Joya de la Piedra Preciosa.

Son las que dicen que vendrán a entrar el cristianismo, a Tancáh de Mayapán y a Chichén Itzá, [...].

[...]

Estos Hombres de Dios, doblando su espalda sobre la tierra virgen, manifestaron la carga de las penas, en presencia de Dios Nuestro Padre, para cuando venga a entrar el cristianismo. Vómitos de sangre, pestes, sequías, años de langosta, viruelas, la carga de la miseria, el pleito del diablo. En el cielo habrá círculos blancos y arderá la tierra, dentro del *Tres Ahau Katún* y el *Uno Ahau Katún* y los tres *katunes* malos.

[...]

LA INTERPRETACIÓN HISTÓRICA DE YUCATÁN

Profecía del Sacerdote Napuc Tun

Arderá la tierra y habrá círculos blancos en el cielo. [...]. Será el tiempo del dolor, del llanto y la miseria. Es lo que está por Venir.

Profecía de Ah Kuil Chel, Sacerdote.

Lo que se desentraña de este *Katún,* [...], ya está viniendo. [...].Vendrá del norte, vendrá del poniente. En los días que vamos a tener, ¿qué Sacerdote, qué Profeta dirá rectamente la voz de las Escrituras?

[...]

«¡Ay, dulce era el poderoso tiempo que pasó!», dirán llorando los Señores de esta tierra. ¡Entristeced vuestros espíritus, Itzaes!

Profecía de Nahau Pech, Gran Sacerdote.

En los días que vienen, [...]; cuando haya entrado en su señorío el *Cuarto Katún,* se acercará el verdadero conductor del día de Dios.[...], viene para ser el Señor de esta tierra cuando llegue.

[...]. En tiempo del *Cuatro Ahau Katún,* Padre, como hormigas irán los hombres detrás de su sustento; porque [...] estarán hambrientos, [...].

Profecía de Natzin Yabun Chan, quien desde antiguamente dijo:

El verdadero Dios [Hahai Ku, «Verdadera-Deidad»] de esta tierra, el que esperáis que aparezca, Padre, vendrá traído en hombros de dolorosos días. [...].

[...]. No queréis oír que existe Dios. Creéis que lo que adoráis es verdadero. Creed ya en estas palabras que os predico.

Profecía de Chilam Balam, que era Cantor (¿adivino?) en la antigua Maní.

1. En el *Trece Ahau,* en las postrimerías del *Katún,* será arrollado, el Itzá y rodará Tancáh, Padre.

2. En señal del único Dios [Hunab Ku, «Única-deidad»] de lo alto, llegará el Árbol sagrado [*Uaom Ché*, madero-enhiesto], manifestándose a todos para que sea iluminado el mundo, Padre.

3. Tiempo hará de que la Conjuramentación esté sumida, [...] de que esté sumido lo Oculto, cuando vengan trayendo la señal futura los hombres del Sol [*Ah Kines*, «Sacerdotes-del culto-solar»], Padre.

4. A un grito de distancia, [...], vendrán y ya veréis el faisán que sobresale por encima del Árbol de Vida.

5. Despertará la tierra por el norte y por el poniente. Itzam despertará.

6. Muy cerca viene vuestro Padre, Itzaes; viene vuestro hermano, Ah *tan-tunes*.

7. Recibid a vuestros huéspedes que tienen barba y son de las tierras del oriente, conductores de la señal de Dios, Padre.

8. Buena y sabia es la palabra de Dios que viene a vosotros. Viene el día de vuestra vida. No lo perdáis aquí en el mundo, Padre.

9. «Tú eres el único Dios que nos creaste»: así será la bondadosa palabra de Dios, Padre, del Maestro de nuestras almas. El que la recibiere con toda su fe, al cielo tras él irá.

10. Pero es el principio de los hombres del Segundo Tiempo.

11. Cuando levanten su señal en alto, cuando la levanten con el Árbol de Vida, todo cambiará de un golpe. Y aparecerá el sucesor del primer árbol de la tierra, y será manifiesto el cambio para todos.

12. El Signo del único Dios de arriba [*Hunab Ku*], ese habréis de adorar, Itzaes. Adorad el nuevo signo de los cielos, adoradlo con voluntad entera, adorad al verdadero Dios que es este, Padre.

13. Meted en vosotros la palabra de Dios Único, Padre.

14. Del cielo viene el que derrama la palabra para vosotros, para vivificar vuestro espíritu, Itzaes.

15. Amanecerá para aquellos que crean, dentro del *Katún* que sigue, Padre.

16. Y ya entra en la noche mi palabra. Yo, que soy Chilam Balam, he explicado la palabra de Dios sobre el mundo, para que la oiga toda la gran comarca de esta tierra, Padre. Es la palabra de Dios, Señor del Cielo y de la Tierra.

Buena es la palabra de arriba, Padre. Entra su reino, [...]; pero abren allí sus lazos, Padre, los [...] que se beben a los hermanos esclavos de la tierra. [...]. Falsos son sus Reyes, tiranos en sus tronos, avarientos de sus flores. De gente nueva es su lengua, [...]; ¡golpeadores de día, afrentadores de noche, magulladores del mundo! [...].

No hay verdad en las palabras de los extranjeros. Los hijos de [...] los grandes hombres de las casas despobladas, dirán que es cierto que vinieron ellos aquí, Padre.

¿Qué Profeta, qué Sacerdote, será el que rectamente interprete las palabras de estas Escrituras?

Del Chilam Balam de Chumayel. Versión de Antonio Mediz Bolio (1930).
Edición de Mª Mercedes de la Garza. SEP, México 1985.

Retorno al Edén

La pregunta de qué ocurrirá después del fin de este mundo es el punto crucial de la cosmogonía maya. Sin duda el cambio será muy profundo, y afectará totalmente al destino de la humanidad. Podemos suponer que al cumplirse el ciclo de los cinco soles, surgirá un Sexto Sol, absolutamente distinto del actual, no en lo que se refiere al astro en sí, sino al tipo de vida que se desarrollará bajo su luz. Las pistas que ofrecen las profecías son escasas y a veces contradictorias, pero una interpretación posible, en la que coinciden muchos estudiosos, es la que expresan las profecías quinta

 Para la cultura occidental el referente esencial de la Edad de Oro es la historia bíblica de Adán y Eva y el paraíso terrenal perdido.

 Después del fin del Quinto Sol llegará una era de paz y armonía, en la que desaparecerán los signos de ostentación material.

y séptima de la versión popularizada por José Argüelles. Con las debidas cautelas respecto a su textualidad, pueden resumirse así: «Después del fin del Quinto Sol llegará una era de paz y armonía, en la que desaparecerán los signos de ostentación material (dinero, propiedades, joyas, artículos de lujo, etc.). Viviremos en un mundo más espiritual y solidario, en una comunidad global gobernada por las personas más sabias de la Tierra».

La Edad de Oro

Esta versión de un mundo perfecto y venturoso no es exclusiva de los mayas. Pakal II y otros adivinos reprodujeron uno de los mitos más ancestrales y extendidos de la humanidad: el de la Edad de Oro. Los estudiosos de las civilizaciones ancestrales han contabilizado más de doscientas tradiciones y leyendas sobre edades o etapas del mundo, marcadas por acontecimientos astronómicos. El ciclo completo varía generalmente entre cuatro y cinco eras o etapas, similares a los cinco «soles» de la cosmogonía de los mayas. Por supuesto, ellos no podían saber que su descripción de un eventual Sexto Sol coincidía con mitos o tradiciones de otras culturas, alejadas en el tiempo y distantes en la geografía. Esto permite suponer a los autores heterodoxos que ese edén perfecto, puro, y feliz, existió efectivamente en algún momento de la experiencia humana. ¿Auguran las profecías mayas que podremos regresar a él?

Para la cultura occidental el referente esencial de la Edad de Oro es la historia bíblica de Adán y Eva y el paraíso terrenal perdido. El Antiguo Testamento lo describe así: «Modeló Yavé Dios al hombre de la arcilla y le inspiró en el rostro aliento de vida, y fue así el hombre ser animado. Plantó luego Yavé Dios un jardín en el Edén, al oriente, y allí puso al hombre a quien formara. Hizo Yavé Dios brotar en él de la tierra toda clase de árboles, hermosos a la vista y de frutos sabrosos al paladar, y en el medio el jardín el árbol de la vida y el árbol de la ciencia del bien y del mal» (*Génesis*, 2: 7-9). Sabemos que luego fue creada Eva del costado de Adán, y que ambos vivían inocentes y felices en su jardín del Edén.

Pero ya por entonces la serpiente estaba presente en los mitos sagrados, en este caso para tentar a Eva a que comiera el fruto prohibido del bien y del mal, y convenciera a Adán de hacer lo mismo. Por esa falta ambos fueron expulsados del paraíso, y desde entonces los seres humanos conservan la nostalgia ancestral de ese lugar de ensueño, y la latente esperanza de reencontrarlo.

Tanto el árbol como la serpiente son símbolos presentes en numerosas religiones y mitologías. Los mayas mantenían un culto ambivalente a la serpiente, a la que temían y veneraban como manifestación de su dios Kukulkan. También el árbol de la vida formaba parte de su imaginario religioso, y le dedicaban oraciones y cánticos alabando lo que llamaban «El paraíso de las flores».

La primera referencia escrita a un jardín paradisíaco aparece en el *Poema de Gilgamesh*, el más antiguo texto narrativo de que se tiene conocimiento. Se conserva bastante completo en unas tablas de arcilla datadas a comienzos del II milenio a. C., y narra la legendaria historia del rey Gilgamesh, que gobernó en la ciudad sumeria de Uruk. En un pasaje de esta fábula fantástica el protagonista hace un viaje iniciático en busca de la planta de la eterna juventud. Tras muchas vicisitudes llega al jardín de la reina Subiru, situado más allá de las puertas del sol. Este vergel maravilloso y mágico era el último límite antes del Mar de la Muerte, que otorgaba la inmortalidad a quien lograra atravesarlo.

También los antiguos vedas hindúes concebían una edad de oro, o *Satya Yuga*, que culminaba un ciclo ascendente formado por la edad de hierro *(Kali Yuga)*, la edad de bronce *(Duapara Yuga)*, y la edad de plata *(Treta Yuga)*, para finalizar en la citada edad de oro. En este caso, al igual que en la cosmología Maya, se trata de un ciclo progresivo en el que cada etapa supera a la anterior. Hay también mitos en que la edad de oro es la primera, generalmente perdida por culpa de los humanos, como en el Génesis. En las decenas de versiones que se encuentran en las culturas de la Antigüedad, se presentan edades doradas en uno u otro extremo del ciclo, o también en ambos. Este último caso se da principalmente en cosmogonías de tiempo circular, donde todo volverá a repetirse, incluso la estancia en el Edén.

Los paraísos perdidos

La mitología griega no dejó de ocuparse de su propia Edad de Oro. El primero en dejar constancia de ella fue el poeta del siglo VIII a.C. Hesíodo, contemporáneo de Homero o inmediatamente posterior a este. En su poema *Los trabajos y los días* canta a una era fundacional habitada por «una raza dorada de mortales», creada directamente por Cronos, el dios del tiempo que los romanos adoptaron como Saturno. Recordemos que Nostradamus sitúa el comienzo de la era de Acuario en el momento en que Saturno se alinea con el Sol. Cuando el rapsoda griego da fin a la edad dorada, continúa con otras cuatro de sentido declinante: la de plata, la de bronce, la de los héroes, y la de hierro. No se trata del ascenso progresivo de los mayas o los vedas, sino que, al igual que el *Génesis*, asume la existencia de un estadio inicial paradisíaco, que el ser humano perdió por incumplir un mandato divino.

La idea de Hesíodo es retomada por Platón, tanto en los *Diálogos* que ya hemos comentado, como en *La República*. En esta obra el filósofo griego pro-

La Arcadia, una región de la antigua Grecia cuyo carácter distintivo era la inocencia original, expresada en la vida bucólica de pastores y ninfas que compartían un paraíso campestre.

pugna una ciudad o estado ideal y justo, en el que una comunidad de ciudadanos honestos y solidarios es gobernada por los más sabios de entre ellos, que poseen una elevada educación. Más tarde, en el siglo I a.C., el poeta romano Ovidio vuelve al mito de la Edad de Oro en su obra *Las metamorfosis*. Después de ser creados, relata ese poema, los seres humanos vivían en un jardín maravilloso, en una época gobernada por el dios Saturno (otra vez Hesíodo y Nostradamus). En ese vergel siempre era primavera, abundaban las flores entre frescos arroyuelos, y los pájaros cantaban con alegres trinos. Los árboles ofrecían frutos deliciosos y las mieses crecían sin necesidad de sembrarlas. Pero Saturno fue derrocado por sus propios hijos y arrojado al Tártaro, o infierno mitológico de los griegos. Se acabó entonces la edad dorada, y Júpiter asumió el mando de la edad de plata.

Los intelectuales y poetas del Renacimiento, al recuperar el mundo clásico, hicieron renacer los viejos mitos olvidados. Su versión de la Edad de Oro se remontó a la Arcadia, una región de la antigua Grecia que las tradiciones populares consideraban el modelo de una vida regalada y feliz. El carácter distintivo de la Arcadia era la inocencia original, expresada en la vida bucólica de pastores y ninfas que compartían un paraíso campestre. Y precisamente *Bucólicas* fue el título que Virgilio, el poeta latino del siglo I a.C., puso a una de sus obras líricas, que transcurre totalmente en la Arcadia. Virgilio se inspira a su vez en los *Idilios* de Téocrito, escritos dos siglos antes, que reflejan la serena vida cotidiana de campesinos y pastores en diálogos que no eluden las referencias al amor homosexual.

Tomás Moro (en inglés Thomas More) fue un teólogo, político y escritor del siglo XVI, el autor que más influyó en la actualización del mito de la Edad de Oro en los inicios del Renacimiento inglés. Su obra *Utopía*, publicada en 1516, se inspira en Platón y en el entonces reciente descubrimiento del Nuevo Mundo para imaginar una tierra donde reinan la paz, la justicia y la igualdad. Aparte de su calidad literaria, *Utopía* era un sutil ataque al soberano absolutista Enrique VIII, al que Moro se enfrentaba por la creación de la iglesia Anglicana, en defensa de los intereses de la Santa Sede.

En el Edén imaginado por el teólogo vive una comunidad pacífica, cuyos miembros trabajan en los cultivos por turnos y dedican el tiempo libre a la lectura, la música y el arte. Los gobernantes son elegidos por voto calificado, lo más democrático que se podía imaginar en la época, en claro contraste con el gobierno despótico y arbitrario de Enrique VIII. Este finalmente condenó a muerte a Moro, que fue decapitado en 1535. La Iglesia Católica lo consagró

mártir y santo en 1935. La palabra Utopía, inventada por él para nombrar a su país perfecto, pasó a universalizarse como sinónimo de un ideal inalcanzable.

La versión pastoril de la Edad de Oro tuvo su momento de auge con la llegada del romanticismo. Los poetas y artistas de esa corriente tomaron como emblema el cuadro *Los pastores de Arcadia*, que había pintado en 1638 el francés Nicolás Poussin. En esa obra unos jóvenes campesinos rodean un sarcófago que lleva la inscripción latina *«Et in Arcadia ego»* («Y en Arcadia yo»), cuya interpretación sigue siendo controvertida y ha sido ligada a la supuesta sociedad secreta del Priorato de Sión.

Es difícil explicar la persistencia del mito de la Edad de Oro en tantas mitologías, religiones, obras literarias y otras manifestaciones en culturas de todas las épocas y latitudes. A pesar de su distinto origen y sus diferencias en los detalles formales, todas coinciden en un modelo de sociedad más espiritual, pacífica, igualitaria, y justa, donde los seres humanos vivirán en una comunidad solidaria e integrada en una naturaleza generosa que le brindará sus frutos sin exigirle esfuerzos. ¿Ha existido ese paraíso en el comienzo de los tiempos? ¿Sabemos de forma subconsciente que puede existir en le futuro? ¿Debemos unirnos y mejorar nuestra vida para hacer posible su llegada, como dicen las profecías mayas? La luz del Sexto Sol podría darnos las respuestas.

 Tabla del Gilgamesh (fragmento). La primera referencia escrita a un jardín paradisíaco aparece en el Poema de Gilgamesh, el texto narrativo más antiguo del que se tiene conocimiento.

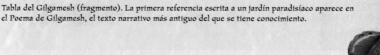

Segunda parte

Un origen enigmático

La visita de los alienígenas

El interés que despiertan las profecías y su extendida credibilidad, se basa en gran medida en el enigma que rodea al origen de los mayas. ¿Cómo pudo surgir hace por lo menos 2.000 años, en medio de la selva virgen centroamericana, una civilización asombrosamente avanzada? Algunos expertos heterodoxos no acaban de aceptar los intentos de la antropología por explicarlo, y sugieren otras teorías que involucran a seres exógenos en el surgimiento de la cultura maya, con sus sorprendentes conocimientos y sus predicciones astrales.

Entre esas propuestas destacan dos que, siendo esotéricas, son también posibles: la llegada de supervivientes de la mítica isla de La Atlántida, y la visita de naves extraterrestres. En ambos casos, los visitantes poseerían una profunda sabiduría y elevados conocimientos científicos y tecnológicos, que habrían transmitido a los aborígenes, o por lo menos a su elite. En este capítulo se trata la eventual participación extraterrestre, y en el siguiente la presunta influencia de los náufragos atlantes.

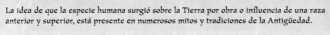

La idea de que la especie humana surgió sobre la Tierra por obra o influencia de una raza anterior y superior, está presente en numerosos mitos y tradiciones de la Antigüedad.

Mensajeros de los dioses

La idea de que la especie humana surgió sobre la Tierra por obra o influencia de una raza anterior y superior, está presente en numerosos mitos y tradiciones de la Antigüedad. Como hemos visto ya, la propia Biblia habla de gigantes e «hijos de Dios» conviviendo con los humanos en el origen de los tiempos. Otras leyendas fundacionales incluyen la presencia de «ángeles», «genios», o «seres» generalmente alados y celestiales, que descienden a la Tierra en «carros de fuego», con gran despliegue de humo y pirotecnia. Moisés encontrándose con Yavé, que desciende sobre un monte en medio de una «zarza ardiente», no es el único caso de profeta que dialoga con los dioses o sus enviados en una situación semejante.

No debemos olvidar que para casi todas las culturas antiguas el Sol, la Luna, Venus, o Marte eran deidades o su manifestación en el firmamento. O sea que para tomar contacto con sus fieles, debían descender de alguna forma a la Tierra. Los dioses de esos pueblos politeístas eran más humanos y limitados que la abstracción divina creada por la evolución del monoteísmo. Por lo tanto, ellos o sus mensajeros a menudo necesitaban de algún tipo de impulso externo para poder moverse por el cielo. Hubo los que usaban nubes, vientos, tormentas, y vehículos voladores, ya fueran los propios dioses o sus lugartenientes angelicales. La eterna pregunta de los mitólogos y antropólogos heterodoxos es si, como sugiere la razón, se trataba de historias imaginarias; o si eran en realidad recuerdos de acontecimientos muy antiguos. (*Continúa en la pág. 112.*)

Recreación de la formación de un agujero negro estelar. Para saltar de un universo a otro en el hiperespacio, sería necesario pasar por un agujero de Schawrzschild, cuyas bocas estarían formadas por un agujero negro en un universo, y un agujero blanco en el otro, que en lugar de absorber toda materia y energía, la emite hacia el exterior.

LA CIENCIA EN BUSCA DE E.T.

El 6 de marzo de 2009 la NASA lanzó el telescopio espacial Johannes Kepler, con la misión de buscar y estudiar planetas extrasolares semejantes a la Tierra en un amplio sector de la Vía Láctea. El objetivo de esa búsqueda incluye establecer qué planetas entrarían en la llamada «zona habitable», es decir con un tamaño, órbita, atmósfera y otras condiciones lo bastante semejantes a la Tierra como para suponer la posible existencia de vida. Es decir, la NASA y toda la ciencia astronómica que hay detrás de ella aceptan esa posibilidad, y han emprendido una acción concreta para investigarla.

Supongamos que uno de esos planetas está habitado por seres inteligentes, que por alguna razón desean viajar a la Tierra. Concedámosles una naves capaces de trasladarlos, teniendo en cuenta que no podrán superar la velocidad de la luz de 300.000 km por segundo (ningún cuerpo material podría hacerlo sin desintegrarse). Situemos su punto de partida a la muy razonable distancia de 5 años luz (el sistema estelar más cercano, Alfa Centauri, está a 4,3 años luz), con lo que en ese quinquenio deberían recorrer 788.400.000.000 km encerrados en su nave. Además de muy avanzados, deberían ser alienígenas muy especiales para soportar ese viaje sin problemas físicos ni psíquicos.

Saltando a otra dimensión

La astrofísica es muy imaginativa, que para eso es una ciencia, y sus supuestos teóricos permitirían ofrecer una alternativa a los interminables viajes interplanetarios. La física cuántica y la teoría de las cuerdas admiten la existencia de un «hiperespacio» o «multiuniverso» integrado por varios universos paralelos que no pueden observarse ni comunicarse entre sí. Si unos dioses situados en un universo distinto desearan enviarnos unos mensajeros que nos impulsaran a civilizarnos, ¿cómo podrían dar ese salto insalvable? Muy sencillo: utilizando un «agujero de gusano». Se denomina así a un hipotético atajo a través del espacio y el tiempo, que posee dos extremos situados cada uno en una dimensión distinta, y unidos por una «garganta» por la que puede pasar la materia.

Si el viajero espacial se moviera en este mismo universo, le bastaría con utilizar un «agujero de gusano» de Lorenz, llamado también puente de Einstein-Rosen, que atraviesa un pliegue en el espacio-tiempo. El reconocido astrofísico Stephen Hawking compara esta hipótesis con la opción de salvar una montaña por una carretera que la rodea o por un túnel que la atraviesa: si hay un límite de velocidad (la de la luz) se llega más rápido por el túnel. Ahora bien, para saltar de un universo a otro en el hiperespacio, sería necesario pasar por un agujero de Schawrzschild, cuyas bocas estarían formadas por un agujero negro en un universo, y un agujero blanco en el otro, que en lugar de absorber toda materia y energía, la emite hacia el exterior.

Todo esto es aún teórico, hipotético, y no demostrado, pero científico. Una muestra de que la ficción de la ciencia puede a veces superar a la ciencia-ficción.

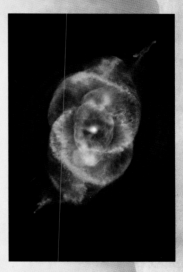

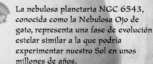
La nebulosa planetaria NGC 6543, conocida como la Nebulosa Ojo de gato, representa una fase de evolución estelar similar a la que podría experimentar nuestro Sol en unos millones de años.

Dada la enigmática y bastante súbita aparición de la notable civilización Maya, fue solo cuestión de tiempo que surgiera la teoría del origen extraterrestre de ese pueblo de matemáticos y astrónomos. En 1966 los investigadores franceses André Millou y Guy Tarade publicaron en la revista *Clypeus*, de Turín, un artículo titulado «*L'Enigma di Palenque*», cuya traducción al español es obvia. En ese texto aseguraban que la lápida de Pakal II en Palenque representa al piloto de una nave espacial, presuntamente extraterrestre. Los datos que exponen para tan sorprendente afirmación son los siguientes:

El personaje que está en el centro de la losa, y que nosotros llamamos piloto, lleva un casco y mira hacia el extremo delantero del aparato. Sus dos manos manipulan unas palancas. La mano derecha se apoya sobre un mando idéntico al que se utiliza para el cambio de marcha en los coches Citroën 2CV*. Su cabeza se apoya en un sostén trasero. Un inhalador penetra en su nariz, lo que indica claramente un vuelo estratosférico.

La nave del viajero está equipada exactamente como un cohete espacial […]. En la parte anterior, justo detrás de la proa, se disponen diez acumuladores y se ven otros condensadores de energía, así como el motor, que se encuentra en cuatro compartimientos delanteros. En la parte posterior aparecen unas celdillas y equipos complejos, conectados por tubos a una tobera exterior que lanza fuego.

Como era de esperar, la comunidad científica no se dio por enterada de esta imaginativa teoría, publicada en una revista de sospechosa inclinación por temas como el hundimiento de la Atlántida o el avistamiento de platillos volantes. Ya en 1953, el propio descubridor del sarcófago de Palenque, Ruz Lhuillier, describía así su hallazgo en un artículo de la revista *The Illustrated News*:

En la piedra en cuestión vemos a un hombre rodeado de símbolos astrológicos que representan el cielo. —el límite espacial de la tierra del hombre y la morada de los dioses, donde el curso fijo de las estrellas marca el implacable ritmo del tiempo. El hombre

---

* Popular modelo utilitario de esa marca, presentado en 1948 y retirado definitivamente en 1990, cuya palanca de cambios se insertaba en horizontal debajo del salpicadero.

reposa sobre la tierra, representada por una grotesca cabeza con rasgos fúnebres, ya que la tierra es un monstruo que devora todo lo que vive; y si el hombre reclinado parece caerse hacia atrás, es porque su inherente destino es caer a la tierra, el país de los muertos.

Pero sobre el hombre se alza el bien conocido motivo cruciforme, que en algunas representaciones es un árbol, en otras la estilizada planta del maíz, pero que siempre es el símbolo de la vida surgiendo de la tierra, la vida triunfante sobre la muerte.

Los nuevos hallazgos arqueológicos y sus estudios comparativos confirman que la losa que cubre el sarcófago muestra a Pakal el Grande en trance descender al *Xibalba*, o ultramundo maya. En torno a los bordes de la lápida se ven glifos que representan al Sol, la Luna, Venus y varias constelaciones. Detrás de Pakal se sitúan las mandíbulas de un dragón o serpiente, que está engullendo al sabio monarca. Esta representación, con algunas variantes, es el tema central en otras tumbas reales, incluyendo sepulcros olmecas, como los que se encuentran en Chalcatzingo (Morelos), y en La Venta (Tabasco); o también en los murales mayas preclásicos descubiertos en 2001 en San Bartolo (Guatemala).

No obstante, el artículo de Millou y Tarade causó admiración entre los aficionados y estudiosos de temas esotéricos. Ese interés abrió el camino para la revelación del gran profeta moderno del astronauta de Palenque: Erich von Däniken. Este hostelero de origen suizo, que dirigía un hotel en Viena, era un devoto aficionado a la ufología[*] y las presuntas visitas de extraterrestres en la Antigüedad. Sin duda conocía el artículo de Millou y Tarade, o había leído comentarios o derivaciones sobre su teoría. En 1968, von Däniken publicó su primer libro, titulado en inglés *Chariots of Gods* («Carros de guerra de los dioses») y traducido al español como *Recuerdos del futuro*.

El autor suizo reproducía en su libro el diseño grabado en la losa del sepulcro de Pakal II (que situaba erróneamente en Copán), y lo comparaba con la po-

---

[*] De la sigla inglesa UFO, Unidentified Flaying Object, que en español da «Objeto Volador No Indentificado», o sea OVNI.

sición del astronauta del Proyecto Mercury, John Glenn. Seis años antes, el 20 de febrero de 1962, Glenn había sido el primer estadounidense en realizar un vuelo orbital a la Tierra en la nave *Friendship VII* del proyecto Mercury. Von Däniken, inspirándose en el artículo de *Clypeus*, comparaba la postura del astronauta con la que adoptaba el rey Pakal en el grabado, y las fotos del interior de la cápsula del cohete con los elementos que ornaban su figura y la rodeaban cubriendo toda la superficie de la lápida. Veamos la descripción que hace en su libro:

> *En el centro del grabado se ve a un hombre sentado e inclinado hacia adelante, Lleva una máscara con un respirador en la nariz, utiliza las dos manos para manipular unos controles, y el talón de su pie izquierdo se apoya sobre una especie de pedal con diferentes engranajes. La parte trasera está separada de él; que se sienta sobre una complicada butaca, y en un extremo exterior a toda esta estructura, se ven unas pequeñas llamas como en el propulsor de un cohete.*

Von Däniken aseguró que las coincidencias entre la imagen de la losa funeraria y las fotografías del astronauta, demostraban que la representación de Pakal II era la de un viajero espacial en su nave, disponiéndose a despegar. En tanto la lápida se encontraba en el panteón subterráneo del Templo de las Inscripciones, no vaciló en declarar que esa imagen era la prueba de que los mayas habían sido visitados por viajeros extraterrestres. Lo cierto es que las similitudes que encontraba eran al menos verosímiles, y totalmente novedosas para el gran público, incluyendo a aquellos que no sabían quiénes habían sido los mayas ni tenían idea de dónde estaba el Yucatán. El libro fue un auténtico superventas, se tradujo a 29 lenguas, y asombró a millones de lectores.

Debemos tener en cuenta que en esa época los viajes espaciales alcanzaron una gran popularidad. La propia carrera espacial entre Estados Unidos y la Unión Soviética; los numerosos avistamientos de ovnis o platillos volantes, y las «inducciones» de personas en sitios despoblados, descritas en plan sensacionalista por algunos medios; mantenían al gran público en una especie de temeroso estado de alerta que no admitía dudas sobre la existencia de los extraterrestres y sus naves voladoras. Si nosotros ya viajábamos al espacio ¿por qué «ellos»

OBJETOS EN EL CIELO

Desde que Julio Verne inventó la ciencia ficción en la segunda mitad del siglo XIX, los viajes interplanetarios y los seres extraterrestres, hoy llamados alienígenas, protagonizaron numerosas obras de ese nuevo género. La precursora fue sin duda *Viaje a la Luna* (1865), del propio Verne, que fue llevada al cine en 1902 por el pionero Georges Meliés. Los marcianos aparecen por primera vez en *La guerra de los mundos* (1898), del imaginativo H.G. Wells. En esta obra se inspiró el joven Orson Welles en 1930, para irradiar en formato de noticiero una invasión de naves extraterrestres, que sembró el pánico en los Estados Unidos. Luego la ciencia-ficción proliferó en los cómics, series televisivas o películas de clase B, mientras varios directores de prestigio rodaban films que intentaban elevar el género. Entre estos últimos debemos contar al subyugante 2001. *Una odisea del espacio* (1968), de Stanley Kubrick; *Encuentros en la tercera fase* (1977), de Steven Spielberg; *Alien, el octavo pasajero* (1979), de Ridley Scott; *ET, el extraterrestre* (1982), también de Spielberg; o la desaforada parodia *Mars Attack!* (1996), del imprevisible Tim Burton.

no podían venir en sentido contrario? Todo lo que hizo von Däniken fue adelantar en unos miles de años la visita. Las derivaciones de su arriesgada propuesta podían explicar cómo los mayas habían obtenido sus sorprendentes conocimientos científicos y tecnológicos.

El éxito mundial de los libros de von Däniken integró, y en parte provocó, el auge de una ciencia heterodoxa dedicada a investigar lo que sus cultores llaman «paleocontactos». Es decir, los contactos o visitas alienígenas en épocas remotas (el prefijo «paleo» viene del griego *palaiós*, que significa «antiguo»). Su principio teórico es que esos contactos extraterrestres sentaron las bases de las primeras civilizaciones complejas, sus creencias, conocimientos y tecnologías. Algunos de sus adeptos llegan a sostener que todas las deidades creadas por los primeros cultos no animistas, tienen su origen o inspiración en aquellos seres alienígenas. Otro pilar del pensamiento paleocontáctico es la existencia en nuestro planeta de dos civilizaciones muy desarrolladas y sucesivas, separadas por una terrible hecatombe que destruyó la memoria de la primera, que era además la más avanzada. La segunda civilización, vacilante e imperfecta, es la actual. Se inició hace algo más de 5.000 años con un contacto que aterrizó primero en Egipto y después en Mesopotamia (habría que agregar a Sumeria, China y otras antiquísimas culturas orientales), y terminará muy pronto con una nueva visita de los seres galácticos, después de otro tremendo cataclismo planetario. Esta visión coincide con los «soles» o etapas de las culturas mesoamericanas, en especial la maya, y tal vez al menos en parte se inspira en ellas.

Los principales exponentes y maestros de la teoría de los paleocontactos son el propio Erich von Däniken; Zacharias Sitchin, introductor de los *Nefilim* del planeta Nibiru; Robert K. G. Temple, con su *Misterio de Sirio*; y de algún modo el «paleogenetista» Claude Vorilhon, más conocido por Rael. Repasemos brevemente la obra de cada uno de ellos.

Von Daniken, ya millonario con las ventas de su *Regreso al Futuro*, se dedicó a buscar y difundir la presencia de huellas extraterrestres por todo el planeta. Sus 26 títulos, publicados entre 1968 y 2003, alcanzaron una cifra de ventas de más de 63 millones de ejemplares. Su tema recurrente es siempre algún testimonio arqueológico de diversas culturas en cualquier lugar del mundo, que él presenta como rastro de visitas interplanetarias. Por citar algunos, aparte del famoso astronauta de Palenque, serían de cuño alienígena las pirámides de Egipto, los enormes moais de la isla de Pascua, las piedras de Ica, las extrañas líneas trazadas en Nazca y, por supuesto, la enigmática calavera de cristal hallada en la ciudad maya de Lubaantun, al sur de Belice. Los argumentos de von Däniken se apoyan en la imprecisión de algunas interpretaciones arqueológicas o antropológicas de esos testimonios, así como en los «saltos» cualitativos que se han dado cada tanto en las civilizaciones humanas.

Atlantes de Tula. Una de las polémicas en torno a la representación de estos guerreros míticos se centra sobre si las «armas» que portan en sus manos, pudieran ser más sofisticadas de lo que se les supone.

El ufólogo ruso Zecharia Sitchin es el sedicente descubridor de un duodécimo planeta del sistema solar, llamado Nibiru. Según él, la órbita que recorre este astro es oblonga y muy alargada, por lo que solo coincide con la Tierra una vez cada 3.600 años. En esas ocasiones los habitantes de Nibiru, llamados Annunaki o también Nefilim, envían mensajeros a nuestro planeta para fundar y dar impulso a nuevas civilizaciones, transmitiéndoles conocimientos, tecnologías y normas de conducta. Como se ha dicho ya en este libro, también la astronomía científica sospecha la presencia invisible de un planeta exterior que desequilibra la órbita de Neptuno, aunque no espera encontrarlo habitado.

Otro conocido paleocontactólogo es el británico Robert K. G. Temple, cuyo libro *El misterio de Sirio* causó sensación entre los ufómanos en 1977. Su versión de los encuentros interplanetarios, basada en un artículo paracientífico del antropólogo francés Marcel Diaule, sostiene que los dogones de Mali (África Occidental) conservan la tradición de un contacto con seres extraterrestres provenientes del sistema de la estrella Sirio. Esos seres les transmitieron una serie de conocimientos astronómicos, en especial sobre la relación de Sirio con su gemela enana blanca y con nuestro Sol, que Diaule pudo comprobar hablando con el chamán dogón Ogotemmeli. Según parece lo único que hizo Temple fue agregar a los «conocimientos extraterrestres» de Ogotemmeli —perfectamente conocidos por la astronomía de la época y presuntamente por Diaule— algunas fantasía de su cosecha muy apropiadas para elaborar un *best seller* popular. Un dato curioso es que uno de los nombres que daban los dogones a los alienígenas era «Amos del agua», exactamente el mismo que los mayas otorgaban a los itzaes de Chichén.

El francés Claude Vorilhon, que adoptó el nombre místico de «Rael», declaró en 1973 que había tenido contacto con unos alienígenas denominados *elohim*[*], que descendieron ante él en platillos volantes. Estos seres le explicaron que habían creado a los seres humanos por medio de la clonación de sus propios genes. Vorilhon relata esa historia en *El libro que dice la verdad*, publicado ese mismo año con gran

---

[*] Elohim es un vocablo del hebreo antiguo, que se considera el plural de Eloah (Dios), con lo cual Rael podría sugerir que sus alienígenas eran en verdad dioses.

éxito de ventas. En 1977 los *elohim* invitaron a Rael a visitar su planeta, donde se encontró con Buda, Moisés, Jesús, y Mahoma. El movimiento raeliano sigue siendo actualmente la mayor agrupación místico-esotérica inspirada en la ufología.

Pese a algunos testimonios gráficos bastante convincentes y a los aún más creíbles que oculta la NASA en un presunto archivo secreto, la ciencia sigue rechazando de plano la existencia de los platillos volantes, y condenando a la ufología a las tinieblas del esoterismo. No obstante ya en 1966 el conocido astrofísico Carl Sagan y su colega I.S. Shkloski, publicaron el libro *Vida inteligente en el Universo*, en el que reclamaban a la comunidad científica que prestara más atención a la posible visita de extraterrestres en algún momento de los tiempos arcaicos. En la actualidad aquel pedido de hace más de cuarenta años está encontrando respuesta. La astronomía admite que, bajo ciertas condiciones, pudo existir o existe todavía vida inteligente en otros planetas del vasto universo, e incluso ha dado nombre a la ciencia que lo investiga: la «exobiología».

Se sabe que la existencia de agua es condición indispensable para el nacimiento de la vida, y la exobiología ya ha constatado la presencia de agua en Marte (aunque se ha descartado la existencia actual de vida), y la de un mar salado subterráneo bajo la capa de hielo que cubre la luna Europa de Júpiter; así como géiseres que arrojan chorros de agua en Encelado, uno de los satélites de Saturno. Los astrónomos calculan que una de cada diez estrellas puede tener planetas orbitales semejantes a la Tierra, pero solo en la Vía Láctea existen 5000.000.000.000 de estrellas. No obstante, los exobiólogos afirman que en un plazo de entre 50 y 100 años se podrá comprobar la existencia o no de vida extraterrestre.

*Tiene que haber vida inteligente en alguna parte, y descubrirla
será fundamental para la supervivencia de nuestra especie.*

Stephen Hawking
Entrevista del diario El Mercurio, 14/01/2008

LOS ÁNGELES DE FUEGO

El *Antiguo Testamento* presenta varias escenas relacionadas con descensos de seres celestiales, que aparecen en medio de llamas o rayos de fuego. Para los partidarios de las visitas alienígenas esos seres, que las Escrituras llaman «ángeles» son en realidad extraterrestres, y los fuegos proceden de los motores de sus naves espaciales. El primer suceso de ese tipo puede leerse en el *Éxodo*, bajo el epígrafe «La visión de la zarza que ardía sin consumirse», y relata lo siguiente:

Apacentaba Moisés el ganado de Jetró, su suegro, sacerdote de Madián. Lo llevó un día más allá del desierto, y llegado al monte de Dios, Horeb, se le apareció el ángel de Yavé en la llama de fuego de en medio de una zarza. Veía Moisés que la zarza ardía y no se consumía, y se dijo: 'Voy a ver qué gran visión es esta, y por qué no se consume la zarza'. Vio Yavé que se acercaba para mirar, y le llamó de en medio de la zarza: '¡Moisés!, ¡Moisés!'. Él respondió 'Heme aquí'. Yavé le dijo: 'No te acerques; quita las sandalias de tus pies, que el lugar en que estás es tierra santa. (Éxodo, 3: 1-6).

Si bien este pasaje es el primero en presentar físicamente un descenso desde el espacio, protagonizado personalmente por Yavé, la mejor y más impresionante descripción bíblica de un «encuentro en la tercera fase» es el comienzo del *Libro de Ezequiel*. Cuenta ese relato que el profeta, cautivo en Caldea, tuvo una sorprendente experiencia, que nos permitimos reproducir por extenso:

Y miré, y he aquí que venía del norte un viento tempestuoso, y una gran nube, con un fuego envolvente, y alrededor de ella un resplandor, y en medio del fuego algo que parecía como bronce refulgente, y en medio de ello la figura de cuatro seres vivientes. Y esta era su apariencia: había en ellos semejanza de hombre. Cada uno tenía cuatro caras y cuatro alas. Y los pies de ellos eran derechos, y la planta de sus pies como planta de pie de becerro; y centelleaban a manera de bronce muy bruñido. Debajo de sus alas, a sus cuatro lados, tenían manos de hombre; y sus caras y sus alas por los cuatro lados. [...]. Y el aspecto de sus caras era cara de hombre, y cara de león al lado derecho de los cuatro, y cara de buey a la izquierda en los cuatro; asimismo había cara de águila en los cuatro. Así eran sus caras. Y tenían sus alas extendidas por encima, cada uno dos, las cuales se juntaban; y las otras dos cubrían sus cuerpos. [...] Cuanto a la semejanza de los seres vivientes, su aspecto era como de carbones de fuego encendidos, como visión de hachones encendidos que andaba entre los seres vivientes; y el fuego resplandecía, y del fuego salían relámpagos. Y los seres vivientes corrían y volvían a semejanza de relámpagos.

Mientras yo miraba los seres vivientes, he aquí una rueda sobre la tierra junto a los seres vivientes, a los cuatro lados. El aspecto de las ruedas y su obra era semejante al color del crisólito. Y las cuatro tenían una misma semejanza; su apariencia y su obra eran como rueda en medio de rueda. [...]  *Y sus aros eran altos y espantosos, y llenos de ojos alrededor en las cuatro. Y cuando los seres vivientes andaban, las ruedas andaban junto a ellos; y cuando los seres vivientes se levantaban de la tierra, las ruedas se levantaban. [...]; porque el espíritu de los seres vivientes estaba en las ruedas.*

Y sobre las cabezas de los seres vivientes aparecía una expansión a manera de cristal maravilloso, extendido encima sobre sus cabezas. [...]; y cada uno tenía dos alas que cubrían su cuerpo. [...]. Cuando se paraban, bajaban sus alas. Y [...], se oía una voz de arriba de la expansión que había sobre sus cabezas.

Y sobre [...] sus cabezas se veía la figura de un trono que parecía de piedra de zafiro; y sobre la figura del trono había una semejanza que parecía de hombre sentado sobre él. Y vi apariencia como de bronce refulgente, como apariencia de fuego dentro de ella en derredor, desde el aspecto de sus lomos para arriba; y desde sus lomos para abajo, vi que parecía como fuego, y que tenía resplandor alrededor. Como parece el arco iris que está en las nubes el día que llueve, así era el parecer del resplandor alrededor. Esta fue la visión de la semejanza de la gloria de Yavé. Y cuando yo la vi, me postré sobre mi rostro, y oí la voz de uno que hablaba. (Ezequiel, 1:4-28).

Si intentamos imaginar esa aparición de unas ruedas de bronce refulgente, envueltas de fuego y resplandor, con sus altos aros llenos de ojos (¿ventanillas?), y por encima una expansión cristalina que resplandece como un arco iris, sería difícil encontrar una imagen más parecida a un ovni, tal como lo presenta la ciencia ficción o las borrosas fotografías de su presunto paso por los cielos del mundo.

En cuanto a los seres vivientes alados, que podemos calificar de ángeles, hay una coincidencia curiosa. Ezequiel tiene esa visión durante su cautiverio en Caldea, acompañando a Joaquín o Jaconías, rey de Judá a finales del siglo VI a.C., vencido y apresado por Nabucodonosor II. Los caldeos y babilonios protegían la entrada de sus palacios y las puertas de sus murallas con una especie de grandes toros alados con garras de león y cabeza humana, bastante parecidos a los «seres vivientes» del relato bíblico. Esas estatuas guardianas eran llamadas en acadio *harabu,* que los hebreos transformaron en *kerub*. De este vocablo proviene, pasando por el latín, la palabra «querubín», que designa a los ángeles del segundo coro que rodean y acompañan al Creador en la iconografía cristiana.

Volviendo a Ezequiel, podemos pensar que describe los ángeles de su relato inspirándose en los *kerub* mesopotámicos, pero también es posible que estos se originaran por otras visitas alienígenas a la zona, anteriores a la visión del profeta bíblico. La región que hoy llamamos Oriente Medio estuvo en la Antigüedad sembrada de figuras zoomorfas con rostro humano, como los leones alados de los hititas, las esfinges egipcias o, algo más cerca en el tiempo y en la distancia, los centauros de la mitología griega. En muchos casos no se trataba de personajes que merecieran adoración, sino de ángeles o semidioses de segunda categoría, a menudo con funciones de mensajeros de las deidades mayores o de custodios de los lugares sagrados. Los propios hebreos, pese a tener prohibido erigir imágenes, colocaron en los extremos del Arca de la Alianza dos leones alados con cabeza humana frente a frente, cuyas alas se extendían hacia adelante para proteger el sagrado contenido. En una versión al estilo von Däniken, podemos suponer que hace unos cuantos milenios los alienígenas sobrevolaron nuestro planeta en sus discos luminosos, fundando civilizaciones que significaron un salto cualitativo en la historia de la humanidad. Entre ellas, la sorprendente civilización mesoamericana de los mayas.

Ezequiel, profeta conocido por sus predicciones recopiladas en el Libro de Ezequiel o Profecía de Ezequiel. Reproducción inspirada en la representación que hace Michelangelo en un fresco de la Capilla Sixtina.

El imperio extraterrestre de Teotihuacan

La teoría del origen alienígena de la civilización maya tropieza con un problema fundamental: varios de sus conocimientos, en especial los relativos a la escritura y la medición del tiempo, eran compartidos por otros pueblos mesoamericanos de la época, e incluso anteriores. Es conocida la influencia de la cultura olmeca sobre la maya, pero también debe tenerse en cuenta la misteriosa civilización de Teotihuacan, la ciudad sagrada donde según varias tradiciones se reunieron los dioses para crear a la especie humana. Teotihuacan, cuyas imponentes ruinas pueden visitarse en la actualidad, fue construida por un enigmático pueblo desconocido, que de acuerdo con los estudios científicos no tenía relación alguna con las otras etnias mesoamericanas. Es decir, unos extranjeros *parvenus*, que tanto podían provenir de las tierras del Norte, como del mar o, según los ufólogos, del espacio exterior.

Desplacemos entonces el aterrizaje de los platillos fundadores un poco más al norte, en el Valle de México. Allí solo existían algunas aldeas desperdigadas, cuyos habitantes vivían en rústicas cabañas, dedicados al cultivo del maíz. La principal población era Cuicuiliu, que había destacado un enclave militar para ocupar y controlar del sur del valle. Alrededor del año 300 a.C. ese enclave se transformó en un importante centro religioso y administrativo, que más tarde los aztecas llamarían Teotihuacan («Ciudad de los Dioses»). En poco tiempo llegó a ser, con diferencia, la ciudad más grande de la América precolombina, alcanzando los 15.000 habitantes en su momento de mayor esplendor. Ocupaba unos 6 km², que abarcaban un millar de edificios, con centro en una gran avenida llamada la Calzada de los Muertos. Esta ostentaba una pirámide en cada extremo, dedicadas respectivamente al Sol y a la Luna. Según las tradiciones y leyendas de culturas posteriores —olmecas, mayas, toltecas, aztecas— los teotihuacanos eran individuos sabios y pacíficos, herederos directos de los primeros «hombres de maíz» creados por los dioses en el comienzo del Quinto Sol.

Entre los siglos II y IV de nuestra era Teotihuacan vivió un proceso de expansión e influencia cultural que abarcó casi toda Mesoamérica. Llegó así a constituir, con escasos episodios armados, un verdadero imperio, basado en una administración relajada, un excelente dominio del comercio de largas distancias, y sobre todo, en la atracción de un culto religioso que llegó a alcanzar una hegemonía semejante a la del cristianismo en el Viejo Mundo, y más o menos en la misma época. El esplendor de ese imperio duró apenas un par de siglos, ante el surgimiento de nuevas culturas locales, que en gran medida fueron deudoras de sus conocimientos y herederas de sus creencias.

En tanto incluso los antropólogos más eminentes reconocen que el origen étnico de los teotihuacanos es «un pueblo desconocido», la teoría de la visita alienígena compite sin desmedro con otras que lo atribuyen a unos navegantes vikingos extraviados, o la llegada a través del Pacífico de individuos de la antiquísima etnia japonesa de los ainu. Pese a que hace dos siglos que se excavan sus yacimientos, se continúa ignorando quién construyó y gobernó Teotihuacan, que fue contemporánea del Imperio Romano y una de las seis mayores urbes del mundo en su época. Las excavaciones más recientes han confirmado que la Ciudad de los Dioses fue fundada alrededor del siglo III a.C. y tuvo su mayor auge en el siglo V d.C., para después ser abandonada por sus habitantes originales.

Los náufragos de la Atlántida

Imaginemos una playa desierta en el mar Caribe, hace varios miles de años. El cielo es de color rojo, invadido por nubes de cenizas violáceas. Las olas bullen hirvientes y aún se distingue a lo lejos el resplandor de llamas gigantescas. Poco a poco, en la línea del horizonte, aparecen unas extrañas naves ennegrecidas y desarboladas, que navegan lentamente hacia la costa. A bordo se ven personas desfallecientes, con los cuerpos sembrados de heridas y quemaduras, pero una luz de resuelta esperanza en la mirada. Son los náufragos de la Atlántida, los que han sobrevivido a la tremenda erupción volcánica en cadena que arrasó sus hermosas ciudades y sumergió su gran isla oceánica, centro del mundo antediluviano y cuna de civilizaciones perdidas.

Así se podría describir la llegada de los atlantes a las costas del Yucatán, que junto a la visita de extraterrestres forman el imaginario favorito sobre el origen exógeno de la civilización maya. Se supone que la Atlántida era una isla gigantesca, quizá todo un continente, situado en el centro del océano Atlántico, frente a las columnas de Hércules por levante, y a la vista del continente americano en su orilla occidental. Su desaparición por un cataclismo geológico hace unos 10.000 años, quizá no hubiese pasado a la memoria mítica de los mayas y otros pueblos de la Antigüedad, si esa isla hubiera estado deshabitada.

Evocación del posible escenario que pudo acoger a los náufragos de la Atlántida.

Pero era precisamente allí, en la Atlántida, donde esos pueblos situaban una civilización superior inmensamente sabia, poseedora de todo el conocimiento hermético y creadora de todos los dioses.

La ciudad platónica

La más prestigiosa referencia escrita a la Atlántida, y según sus partidarios, irrebatible, pertenece nada menos que al célebre filósofo Platón. En uno de sus diálogos, el *Timeo*, el pensador griego del siglo IV a.C. relata la historia de su antepasado Solón de Atenas, uno de los Siete Sabios de Grecia, que alcanzó larga fama como reformador social y legislador. Cuenta el *Timeo* que Solón realizó un viaje a Egipto en el año 565 a. C. y que en uno de los templos de Amón-Ra mantuvo una conversación con el Sumo Sacerdote. Este le habló de la Atlántida, una gran civilización asentada en una isla gigantesca, de la que le brindó numerosa y detallada información. Los defensores del origen atlántico de los mayas, se sirven de este inobjetable documento histórico para validar su teoría, que se apoya además en otro diálogo platónico posterior, el *Critias*.

El *Critias* es el último diálogo de Platón, que el filósofo dejó inacabado. En él hace hablar a Solón sobre su encuentro con el sacerdote egipcio, que le relata el origen de los atlantes: Poseidón, dios de los mares que los romanos llamarían Neptuno, se enamoró de la hermosa doncella Cleto, y la llevó a un es-

Atlantis es una ciudad, dentro del universo de ficción de las series televisivas Stargate SG-1 y Stargate Atlantis, que guarda un gran parecido con el mito de la Atlántida. Construida hace millones de años en el planeta Tierra, fue abandonada por los Antiguos hace 10.000 años.

plendente palacio en la cima de una montaña rodeada de manantiales de agua cristalina. De esa unión nacieron los atlantes, semidioses que erigieron una soberbia ciudad en torno al palacio de su padre. El filósofo describe la maravillosa urbe con precisión de cartógrafo. Asentada sobre una meseta circular en la cumbre de la montaña, poblada de fabulosos palacios y residencias, jardines con fuentes de agua fría y caliente, estatuas de oro, calles con pavimentos de mármol, y murallas recubiertas de metales preciosos. En cuanto a la excelencia y decadencia de los atlantes, cedamos la palabra a Platón:

Durante muchas generaciones obedecieron las leyes divinas, siendo así por su correspondencia entre el dios y su propia naturaleza. Predominaba el pensamiento elevado y puro sobre todos los demás, afrontaban los avatares inevitables desde la virtud que conjuga suavidad y prudencia, y minimizaban las circunstancias presentes, sobrellevando con facilidad, como una molestia, el peso del oro. Es por ello que el equívoco y la pérdida de autodominio resultaban ausentes en su vida cotidiana, al no cultivarse ni el vicio ni la riqueza, y que la vía para tal deferencia nacía de la amistad unida a la virtud común, siendo la honra de bienes externos el medio por el cual se suscitaba la pérdida de la integridad de ánimo y la bondad de vida.

La prosperidad permaneció inalterada hasta llegado el momento en que su parte divina se agotó ante el predominio de lo humano, de tantas veces que se mezcló con los mortales. La perversión y la desvergüenza fueron sustitutas de la virtud, confundiéndose la perfección y la felicidad con la injusta soberbia y el poder. El dios de dioses Zeus, que reina por medio de leyes, puesto que pudo ver tales cosas, se dio cuenta de que una estirpe buena estaba actuando de manera indigna y decidió aplicarles un castigo para que se hicieran más ordenados y recuperaran la prudencia. Reunió a todos los dioses en su mansión más importante, que instalada en el centro del Universo, tiene vista a todo lo que participa de la generación y, tras reunirlos, dijo...[ ]

Platón, *Critias, 121b-121c.*

El diálogo platónico se interrumpe en el momento en que Zeus va a pronunciar su sentencia. Por otras tradiciones sobre el mismo tema se puede suponer que el castigo de los atlantes consistió en una grandiosa erupción volcánica o una terrible inundación; una catástrofe natural que destruyó la ciudad y sumergió a la isla en el océano. Ya en el *Timeo*, el filósofo advertía que esto sucedería «en el día y la noche más terribles».

Tampoco nos dice Platón si hubo supervivientes a la catástrofe, pero en tanto se trató de un castigo ejemplar, para que los atlantes «se hicieran más ordenados y recuperaran la prudencia», es obvio que no todos fueron condenados a desaparecer. Por otra parte, Platón deja entrever que el propio sacerdote egipcio que hace de relator pudo ser un descendiente de aquellos atlantes. De hecho, una versión mítica del origen de los faraones sostiene que la primera dinastía fue fundada por semidioses que llegaron por el delta del Nilo. Existen en otras culturas mitos similares de fundadores ancestrales, provenientes de civilizaciones desaparecidas a causa de una catástrofe. Las coincidencias encontradas entre la cultura egipcia y la maya, refuerzan la propuesta de que ambas provienen de los habitantes de la isla Atlántida, próxima tanto al Caribe como a la puerta del Mediterráneo.

Algunos expertos sostienen que Platón utilizó la leyenda de la Atlántida porque creía honestamente que era verdadera. Y lo creía así, precisamente, porque no podía dudar del relato de Solón, transmitido por la vía familiar de ge-

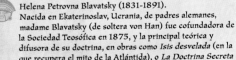

Helena Petrovna Blavatsky (1831-1891). Nacida en Ekaterinoslav, Ucrania, de padres alemanes, madame Blavatsky (de soltera von Han) fue cofundadora de la Sociedad Teosófica en 1875, y la principal teórica y difusora de su doctrina, en obras como *Isis desvelada* (en la que recupera el mito de la Atlántida), o *La Doctrina Secreta* (1888). El pensamiento teosófico alcanzó gran difusión en las últimas décadas del siglo XIX.

neración en generación. Otra versión, compartida por la mayor parte de los estudiosos de la obra de Platón, entiende que el filósofo se sirvió del mito de la Atlántida con carácter metafórico, para ilustrar la idea de «ciudad ideal» como ejemplo de perfecta organización social. Este aspecto central en el pensamiento platónico aparece en otros escritos del mismo autor, especialmente en la *República*, donde emplea metáforas semejantes.

El continente sumergido

La leyenda de la Atlántida, casi olvidada durante varios siglos, fue recuperada a finales del XIX por la vidente ucraniana Helena Blavatsky, fundadora de la teosofía. En 1870 madame Blavatsky publicó *Isis desvelada*, una voluminosa obra en dos tomos de más de mil páginas, en la que hace referencia a una gran isla oceánica ancestral, en la que se había desarrollado una elevada civilización. Según su relato, que abarca solo un par de páginas, los atlantes alcanzaban una talla gigantesca, eran médiums naturales, y poseían una gran sabiduría. Su carácter era pacífico, lo que permitió al dragón Tevetán (posiblemente una figuración del Demonio) apoderarse de sus mentes y corromper su espíritu. Por esa razón, sostiene Blavatsky, fueron condenados a la extinción por una catástrofe que sumergió la isla en el mar.

En otra de sus obras fundamentales, *La Doctrina Secreta* (1888), la autora expande sus revelaciones infusas (o su fabulosa imaginación) para describir una genealogía de razas prehumanas que hubiera desquiciado a Charles Darwin. Los atlantes ocupan el cuarto lugar en la serie de especies ancestrales, iniciada con unos seres fundadores informes y nebulosos, que recuerdan a los habitantes del Primer Sol de la cosmogonía maya. Luego viene otra raza algo más corpórea que habita en Siberia y el Ártico, como los hiperbóreos de la mitología griega; y una tercera especie de humanos perfectos que se instalan en Lemuria, el continente gemelo de la Atlántida en el Pacífico (según otras versiones, en el Índico).

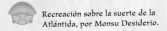
Recreación sobre la suerte de la
Atlántida, por Monsu Desiderio.

La teoría de la civilización sumergida fue ampliada por el congresista estadounidense Ignatius Donnelly en su obra *Atlántida, el mundo antediluviano*
(1882). Contemporáneo de madame Blavatsky y sus fantasiosos émulos, este
autor intenta distanciarse de esos antecedentes empleando en su libro un estilo falsamente académico, aunque al alcance del público popular que agotó numerosas ediciones en varias lenguas. Partidario de la absoluta sinceridad de Platón en sus diálogos sobre la Atlántida, Donnelly exhibe un abanico de
argumentos y datos aproximadamente científicos, combinando las leyendas sobre devastadores terremotos junto a rupturas geológicas comprobadas, o el universal mito del diluvio con la serie de glaciaciones y deshielos. Aunque men-
ciona la posible existencia de Mu, o Lemuria, el congresista se centra en la
tradicional isla prehistórica implantada entre América, Europa y África. Enu-
mera detalladamente especies vegetales y animales existentes a ambos lados del
Atlántico con anterioridad a la navegación oceánica. Describe asimismo cerámicas y otros utensilios arqueológicos cuya coincidencia oscila entre la casualidad, el paralelismo cultural, y los errores (intencionados o no) del autor. El trabajo de Donnelly obtuvo no solo un gran éxito sino también credibilidad, al
punto que algunos círculos científicos, que suelen ignorar estas cosas, se sintie-
ron obligados a desmentirlo.

Blavatsky atribuía sus teorías a unos supuestos «Archivos Akásicos», una especie de disco duro intangible que reunía todos los arcanos sobre el origen del mundo y el nacimiento de la vida y de la Humanidad. El sostén de esos conocimientos sería la *akasa*, una sustancia etérea que los maestros atlantes habían emitido al espacio antes de la caída de su civilización. Uno de los más fieles seguidores de la teosofía, el inglés W. Scott-Elliot, poseedor de una sorprendente capacidad para leer esos archivos, publicó en 1896 un libro titulado *La historia de la Atlántida*. En él explica que en el continente perdido habitaban siete razas, bajo el dominio de la más sabia y avanzada, cuya decadencia y corrupción produjo el desastre de la civilización atlante.

Pocos años después otro privilegiado lector del legado atlante, el teósofo austriaco Rudolf Steiner, obtuvo una notable fama con su libro *De los Archivos Akásicos*, publicado en 1904. Steiner era un buen aficionado a la astronomía, y comenzaba su obra con un paralelo verosímil entre la formación del Universo y el comienzo de la vida. Luego, combinando el *Critias* de Platón con el mito de la caja de Pandora, explicaba que al principio la esencia humana era etérea, y fue alcanzando una consistencia corpórea a lo largo de millones de años. Esos primeros seres intangibles se asentaron en la Atlántida, Pero poco a poco los perfectos atlantes se fueron humanizando («...llegado el momento en que su parte divina se agotó ante el predominio de lo humano, de tantas veces que se mezcló con los mortales», Platón dixit), hasta perder sus conocimientos y las artes divinas de la astrología, la alquimia y la magia. Entonces conocieron por primera vez la enfermedad, el dolor, y los otros males del mundo (como cuando Pandora abrió su caja) y finalmente perecieron por un terrible cataclismo. No obstante, Steiner y los dioses deciden salvar a un puñado de atlantes sabios y justos[*], que serán los fundadores de otras civilizaciones místicas y avanzadas, entre ellas la maya.

---

[*] El mito de los elegidos que por su pureza son salvados de un castigo divino, aparece en varias tradiciones de la Antigüedad. Entre otros, los personajes de Noé y Lot en el Antiguo Testamento.

Un nuevo divulgador de los enigmas atlantes fue el experto escocés en mitología Lewis Spencer, autor de *El problema de la Atlántida* (1924). Spencer, al igual que Donnelly, intentó justificar la existencia del mítico continente desde el punto de vista científico, apelando a la historia geológica del planeta. Su tesis se basaba en los movimientos tectónicos y la intensa actividad volcánica del periodo Mioceno (hace entre 20 y 5 millones de años), comprobados por el nuevo instrumental geológico. Se especulaba con que en esa época había una enorme masa continental o «Pangea», que se disgregó para dar forma a los continentes actuales. Según Spencer, en ese proceso una falla muy profunda quebró en varias partes una placa gigantesca, formando dos grupos de islas que derivaron en sentidos opuestos: uno hacia el Pacífico (ver más adelante el tema de Lemuria) y otro hacia el centro del Atlántico. En la mayor de estas últimas islas floreció en algún momento una civilización de alto nivel espiritual y científico que, quizá para no contradecir a Platón, Spencer hace desaparecer hace 10.000 años, sumergida por nuevos movimientos sísmicos.

El auge del esoterismo en los años posteriores a la II Guerra Mundial, llevó a la arqueóloga Lucille Taylor Hansen a interrogar sobre el tema a los indios caribe de Puerto Rico. En su libro *The Degenerating Karibs* (1948), sus informantes hablan de una antigua tradición que registraba el desembarco, hace mi-

Jacques-Yves Cousteau.
Oceanógrafo francés (1910-1997), pionero de la exploración submarina, que con sus libros y documentales descubrió al mundo la fascinante fauna y compleja orografía de los fondos del mar. Su investigación en las Bahamas en 1970 demostró que gran parte del Caribe pudo estar emergido hace 10.000 años.

les de años, de un gran número de extraños forasteros. Los visitantes habían llegado en sus embarcaciones por el mar del poniente y explicaron que eran de
Atlantis, el país de «la muy antigua tierra roja», que había sido tragado por las
aguas (también los toltecas llamaban al hogar original de sus ancestros «la muy
antigua tierra roja»). El relato de los caribes no especifica dónde se asentaron
aquellos forasteros, pero Taylor Hansen supone que debió ser en el Yucatán o
en las costas cercanas.

El gran desafío que afrontaban las tesis del origen atlante de la gran civilización mesoamericana, era la verosimilitud de la existencia de esa isla gigantesca. Hasta ese momento nadie había intentado comprobar *in situ*, es decir en los
fondos marinos del Caribe cercanos al Yucatán, la presencia de posibles restos
de una civilización perdida. Hacia la década de los 60 del siglo pasado varios
pilotos informaron que, al sobrevolar el archipiélago de las Antillas, habían visto formaciones submarinas semejantes a pilares y murallas. En 1970 el francés
Jacques-Yves Cousteau llevó su barco oceanográfico Calypso a las aguas de las
Bahamas. La expedición exploró uno de los «agujeros azules» cercano a la isla
de Andros, descubriendo a 500 m de profundidad una gruta que mostraba es-
talactitas y estalagmitas cubiertas de conchas y algas marinas. Esas formaciones
solo pueden producirse en la superficie, lo que demostraba que ese sitio se había encontrado emergido en el pasado. Según mediciones posteriores de los se-
dimentos adheridos a las paredes de la gruta, esta se hallaba a cielo abierto hace
unos 12.000 años.

Mu o Lemuria: la Atlántida de Oriente

En 1864 el paleozoólogo Philip Schlater publicó en el *Quaterly Journal of
Science* un artículo sobre los mamíferos de Madagascar, presentando una nove-
dosa teoría. En sus excavaciones había encontrado en esa isla africana restos fó-
siles de una especie de protosimios llamados lemures que también halló en la
India, pero no en África continental ni en Oriente Medio. Tal comprobación

 Cuando una estrella como nuestro Sol implosiona, creando una enana blanca, sus asteroides son lanzados hacia su alrededor, pero si alguno queda demasiado cerca, la enana blanca lo engulle

produciéndose una nube de polvo. Estas observaciones ayudan a los astrónomos a comprender cómo se forman algunos planetas rocosos.

lo llevaba a sugerir que Madagascar y la gran península hindostánica pertenecieron a un mismo continente, desaparecido en alguna etapa de la historia geológica del planeta. La tesis de Schlater fue bien recibida por la comunidad científica, y el naturalista alemán Ernst Haeckel propuso el nombre de «Lemuria» para el supuesto continente sumergido. El posterior descubrimiento de restos de lemúridos en África y en América quitó validez a esta teoría, pero no al nombre de Lemuria para una eventual isla oceánica en el Índico, que habría alojado una legendaria civilización ancestral.

Auguste Le Plongeon, un metódico y algo extravagante fotógrafo francés, llegó en 1873 al Yucatán, dispuesto a buscar datos que ligaran a la civilización maya con la egipcia. A lo largo de más de diez años recorrió todo el territorio mesoamericano y tomó más de 5.000 fotografías de templos, pirámides, estelas y palacios. No encontró las pruebas convincentes que buscaba, salvo la obvia similitud de las pirámides mayas con las egipcias (aunque más aún con los zigurats escalonados babilonios). Dispuesto a no renunciar a su teoría, Le Plongeon emprendió una presunta traducción del Códice Troano guardado en Madrid. De acuerdo con su versión, los glifos mayas describían la destrucción de un gran continente del océano Pacífico llamado Mu, que había sido el hogar de sus ancestros.

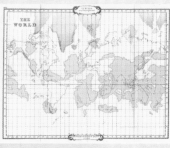

Transcisión de la expansión de los territorios perdidos de Mu y Lemuria, publicado por la Teosophical Publishing Society de Londres.

A partir de esa idea, Le Plongeon elaboró una larga y complicada historia que sostenía que los mayas de Mu se habían desplazado hacia la Atlántida, tan de moda a fines del siglo XIX, y de allí a Egipto, dando nacimiento e impulso a sendas civilizaciones. La comprobación arqueológica de que las dinastías faraónicas eran muy anteriores al auge cultural de Mesoamérica, echó por tierra la ya dudosa teoría de Le Plongeon, hoy totalmente desacreditada por la ciencia. Queda no obstante su ingente y valiosa obra fotográfica, que registra cómo eran en la década de 1880 muchos testimonios mayas que luego sufrieron agresiones o pillajes.

En el siglo siguiente el coronel retirado James M. Churchward retomó el tema de Mu con mucho más fortuna que su antecesor, recuperando y combinando hábilmente los mitos, leyendas y teorías que se habían publicado desde la época de Le Plongeon. El resultado de esa labor fue *El continente perdido de Mu*, publicado en 1926. El inmediato y extendido éxito de esa obra motivó una segunda parte, *Los hijos de Mu* (1931), seguida de un título por año hasta 1936. En estas secuelas el coronel Churchward se lanza a describir un fantástico mundo antediluviano, en el que Mu y la Atlántida eran dos continentes gemelos, flotaban en un mismo mar con América de por medio (lo cual no deja de ser cierto), se comunicaban entre sí, y colonizaban la mayor parte del resto del planeta. A su vez uno y otro estaban comunicados con un mar interior semejante al Mediterráneo, que por entonces se extendía desde el actual Perú hasta el sur de México, donde florecieron las dos grandes civilizaciones precolombinas: la Inca y la Maya.

La única referencia plausible a un eventual contacto entre Asia y América a través del Pacífico, es el papel elaborado con corteza de árboles. Se ha comprobado su utilización por culturas ancestrales en China, el Sudeste de Asia, Indonesia y Mesoamérica. Ya en 1976 el historiador alternativo Peter Tompkins situaba a Mu en el Pacífico, y aseguraba que los antiguos archivos chinos documentaban un viaje transoceánico a Mesoamérica en el siglo V d.C. Pero si esos navegantes chinos se proponían civilizar a los mayas, llegaron tarde: en esa época la cultura maya pasaba por el máximo esplendor de su periodo clásico.

LA HERMANDAD DE LOS SIETE RAYOS

A mediados del siglo XX el ufólogo y explorador George Hunt Williamson, también conocido como «Hermano Felipe», declaraba en su libro *El secreto de los Andes* que había encontrado un manuscrito que describía la destrucción de la Atlántida y Mu. En sus viajes por Sudamérica se cruzó con la visionaria esotérica Marion Dorothy Martin, o «Thera», que aportó sus visiones a la versión alienígena escrita por Williamson. La base de su teoría es una poderosa secta extraterrestre llamada la Hermandad de los Siete Rayos, que hace 30.000 aterrizó en Lemuria, y desde allí colonizó las civilizaciones maya e incaica, entre otras. El continente lemuriano se extendía sobre lo que hoy es la Polinesia, desde las Marianas hasta la isla de Pascua, con un centro de poder energético en el «Anillo de fuego» centroamericano. Mu sería la última isla que resistió a la destrucción de Lemuria, y el punto más alto de su sabiduría mística, finalmente hundida por un nuevo cataclismo hace unos 12.000 años.

Los libros de Mu, con sus reyes, grandes maestros, magos y enemigos diabólicos, representaron un gran éxito muy próximo a la llamada ficción fantástica o «fantaficción». La Hermandad de los Siete Rayos sigue existiendo en la actualidad, y sus actividades pueden encontrarse en Internet con su nombre original, o como la Orden Amatista, la Ciudad Virtual de la Gran Hermandad Blanca, etc.

Algo semejante puede objetarse a los argumentos basados en la coincidencia de los calendarios lunares o la similitud de ciertos rasgos artísticos. El antropólogo cultural indio Balaji Mundkur sostiene que «esas comparaciones resultan endebles, no solo por ser superficiales y contradictorias, sino también porque se oponen a un amplio campo de simbolismo religioso. Además, son

El antropólogo Michael Coe, de la Universidad de Yale, sostuvo en un artículo de 2001 que «el conocimiento [del] método de hacer papel [con corteza de árboles] se difundió de la Indonesia oriental a Mesoamérica en una época muy antigua». Y agrega que en tanto ese papel se utilizaba para la escritura de jeroglifos, esos pueblos remotos pudieron intercambiar información e influencias culturales.

cronológicamente incompatibles con los hechos históricos». El otro aspecto que se utiliza frecuentemente en defensa del viaje transpacífico es el culto a la serpiente, compartido en la antigüedad por ambos continentes. Tanto en Asia como en Mesoamérica se dedicaban santuarios y templos a serpientes que recibían adoración, como en el caso de la China y la India por una parte, y los olmecas, mayas y aztecas por la otra. Mundkur, que ha investigado profundamente ese tema, advierte que la adoración de la serpiente es común a numerosos pueblos primitivos, desde Norteamérica hasta Australia.

También se ha utilizado como prueba el parecido entre los mandalas circulares de Asia y los de Mesoamérica, originados probablemente en Teotihuacan. En el budismo e hinduismo se trata de círculos de meditación grabados o pintados con motivos ornamentales, que a veces representan a los dioses o al Universo. Los mandalas mayas suelen ser calendarios o contener símbolos religiosos, como el árbol de la vida. Se han señalado sus semejanzas formales y el hecho de que en ambos casos se situaran en un lugar destacado en el interior de los templos.

Maya: la palabra divina

En la mitología griega la ninfa Maya o Maia es la mayor de las Pléyades, hijas del titán Atlas. Este por supuesto es un atlante, que ya sabemos de dónde procedía. Llegado el momento Maya tiene una relación con Zeus, de la que nace un semidiós al que ponen de nombre Hermes. En el esoterismo clásico le llaman Hermes Trimegisto, apelativo que significa «El tres veces sabio», ya que dominaba los arcanos del lenguaje, la magia y la adivinación.

Para los historiadores Hermes Trimegisto es un personaje mítico, que se asocia comúnmente a Toth, dios egipcio de la sabiduría y las profecías. También suele vinculárselo a un misterioso vidente que acompañaba al Abraham bíblico. Para la literatura ocultista es un sabio alquimista y adivino, que desarrolló un sistema de creencias metafísicas que hoy es conocido como Hermética. Es también el presunto autor del texto mistérico de la *Smagardina* o la *Tabla Esmeralda*, traducida por Isaac Newton, que se inicia con el célebre axioma «Lo que está arriba es como lo que está abajo». Resulta así que el padre de todos los arcanos herméticos es un semidiós hijo de Maia, nombre muy semejante a María (en hebreo *Maryam*), madre a su vez de un profeta muy sabio que también era hijo de un Dios.

La ninfa Maia fue ascendida por los romanos a la categoría divina, con el apelativo de *Bona Dea* (Diosa buena). Se la representaba en un trono con una cornucopia en las manos. Era la diosa de la salud, la fertilidad y la castidad, cuyo principal atributo era –cómo no– la serpiente, varios de cuyos ejemplares se conservaban vivos en los templos dedicados a ella.

Algunos autores sostienen que Maya y sus variantes son el nombre de la madre esencial en la mitología de Mu y la Atlántida, salvada del hundimiento por los dioses para gestar nuevas civilizaciones. Se crean así las dos líneas de sabiduría mística: el hermetismo esotérico y el cristianismo exotérico. Quizá los mayas recibieran ese nombre sagrado con la misión de fusionar ambas corrientes y llevar a la humanidad a un mundo más espiritual y más sabio. Y tal vez Cortés fuera el portador de la raíz cristiana de ese sincretismo, abortado por la intolerancia de quienes debían impulsarlo.

La costa mesoamericana goza de grandes paisajes de los que forman parte diversos agujeros azules de una gran belleza.

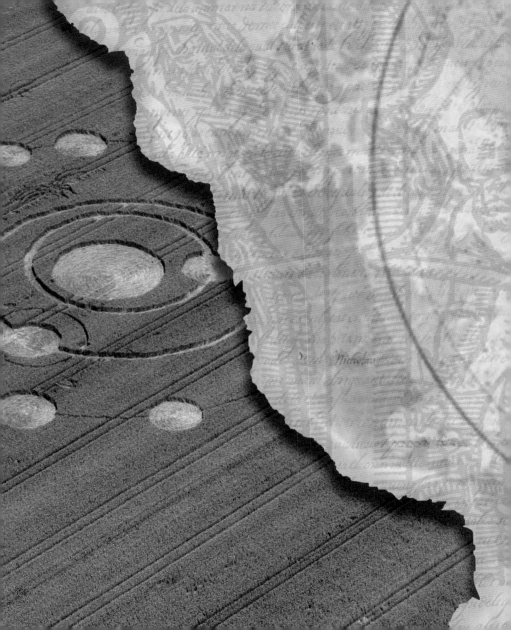

Tercera parte

Los hombres de maíz

El Universo y los dioses

El testimonio de la elevada cultura maya permanece en numerosas manifestaciones materiales. Aún hoy es posible visitar y estudiar sus antiguas ciudades, con sus plazas, avenidas, pirámides, templos, palacios y otros edificios; descifrar las valiosas muestras de escritura jeroglífica, grabadas en piedra o dibujadas en códices; admirar sus hermosas estelas y bajorrelieves; o contemplar los elaborados frescos en las paredes y galerías de sus construcciones. Pero todos esos valiosos exponentes no hubieran bastado para sustentar una de las civilizaciones más avanzadas de la Antigüedad, sin una filosofía trascendente que le diera razón y coherencia.

Las bases de la ideología maya eran el control del tiempo y la ordenación de los elementos en el espacio. Veían el Universo como un todo organizado, que atravesaba una serie de ciclos que se repetían una y otra vez. Ellos tomaban parte en esos ciclos y el resto del mundo seguía funcionando en forma ordenada. Para marcar el paso del tiempo observaban continuamente los astros, esos «viajeros del cielo» como el Sol, la Luna, Venus, Marte, y las constelaciones. Todo el Cosmos seguía un orden lógico, y cuando se producía un cataclismo, este se incluía en sus leyes invariables. Es decir, podían predecir los cambios celestes y sus consecuencias, así como prevenirlas o reestablecer la armonía.

Chaak, dios de la lluvia y de la luz, la fertilidad y los cultivos.

LOS GEMELOS HECHICEROS

La leyenda de los gemelos ancestrales es uno de los mitos más importantes del culto de los antiguos mayas, que expresa varios de los puntos capitales de su teogonía y su filosofía. Los gemelos Xbalanke y Hunhapu, hijos del dios Hu Hunapu y la doncella Luna de Sangre, eran ases imbatibles en el juego de pelota. Los dioses del Xibalba los desafiaron a un partido en el inframundo, en el que los gemelos resultaron derrotados. Los monstruosos vencedores los descuartizaron, subieron sus huesos a la superficie, y los arrojaron a un río. Los dos hermanos revivieron en forma de pez, y luego se convirtieron en magos ambulantes.

Un día entraron en una cueva que los llevó de regreso a Xibalba, donde maravillaron a los dioses infernales con sus habilidades. Su número más espectacular consistió en decapitar a uno de ellos, y luego devolverle la cabeza y el aliento sin ningún daño. Entusiasmados, los demás pidieron ser sacrificados en la misma forma, lo que los gemelos cumplieron con presteza. Pero esta vez no les devolvieron la vida, y la desaparición de esos seres maléficos permitió el nacimiento de la especie humana. Según algunas versiones, los gemelos triunfantes emergieron del infierno convertidos en el Sol y la Luna.

Al considerar que el ser humano formaba parte de un Universo cíclico, tanto astral como terrestre, elaboraron una religión destinada a adaptar a su pueblo a esos ciclos. Como en otras comunidades agrícolas de la Antigüedad, su culto requería una apropiada predicción de los cambios climáticos y de los ciclos de la vida en su hábitat, que era la selva húmeda. La religión era asimismo un instrumento para validar y garantizar la organización social, y su función ideológica consistía en confortar y conformar a las personas, propiciar una sociedad unificada, y en nombre de esa unión justificar las guerras y los sacrificios humanos, así como la autoridad y permanencia de los gobernantes. Por esa razón, estos a menudo oficiaban como sacerdotes o hechiceros, y casi siempre como líderes guerreros.

La Tierra y el Cielo formaban para los mayas una dualidad inseparable e interactiva. Pese a que veían la redondez de la Luna y el Sol, no consideraban a la Tierra como un astro, sino como una superficie plana. Su sentido poético la situaba sobre la cola de un gigantesco caimán, que reposaba en un lago entre nenúfares flotantes. El rectángulo terrestre era sostenido por un dios gigantesco en cada ángulo, de los que brotaban cuatro árboles de especies diferentes que sustentaban el Cielo. Este se simbolizaba como una serpiente con una cabeza en cada extremo, y se dividía en trece niveles, con otras tantas deidades particulares denominadas *Oxlahuntiku*. Por encima del último nivel se posaba el pájaro *tecolote*, en realidad un tipo de búho, ave que se utiliza a manudo para simbolizar la sabiduría. Dice el refranero popular que no hay Cielo sin Infierno, y los mayas también tenían el suyo, al que llamaban *Xibalba*. Era subterráneo, como suelen ser los inframundos, y constaba de nueve niveles habitados por seres monstruosos, que torturaban a los muertos y aterraban a los vivos. Los nueve dioses infernales eran los *Bolontiku*, gobernados por el dios de la muerte, Ah Puch. Para salir a la superficie utilizaban las grutas y cavernas, o también emergían de los «celotes» o estanques de aguas freáticas que aún abundan en la región. No obstante Xibalba constituía un averno ambiguo y contradictorio, ya que era también el lugar donde se gestaban el maíz y la lluvia, dos elementos imprescindibles para la vida de los mayas.

Una teología complicada

En el complejo Olimpo de la religión maya cabía casi todo. Los astros, los seres, las cosas y las situaciones básicas de la vida, integraban una divinidad multiforme y confusa. Los antropólogos han llegado a identificar 116 dioses con un nombre propio, que solía variar según las comunidades y dialectos. A esto hay que agregar un sinfín de deidades menores y semidioses, anónimos para la antropología pero igualmente venerados por sus feligreses precolombinos. Los dioses se representaban con diferentes aspectos, por lo general por medio de figuras más o menos humanas con rasgos exagerados o deformados, o también por animales de variadas fisonomías. Entre estos los preferidos eran los ofidios (la serpiente emplumada o la bicéfala), seguidos por los felinos (principalmente el jaguar) y las aves rapaces como el águila. Los estudiosos de la mayalogía tienden a suponer que esas imágenes no significan que los mayas practicaran la idolatría, sino que eran solo representaciones de divinidades abstractas e incorpóreas. Para complicar aún más tan sobrecargado Parnaso, varios dioses poseían cuatro individualidades o emanaciones, que se distinguían entre sí por el color. Si el dios era astral, como el Sol, la Luna y los planetas, tenía además una contraparte en el submundo de Xibalba, lo que colaboraba a enredar más las cosas. Hay estudiosos que sostienen que Ah Kincil, el dios del Sol, era una manifestación del dios creador Itzamna, y que cuando desaparecía por el horizonte del poniente bajaba al inframundo y atravesaba sus tinieblas transformado en un dios jaguar, para reaparecer como Ah Kincil al siguiente amanecer.

En la teología maya todos los dioses poseían un lado bueno y otro malo, de acuerdo con el acendrado dualismo de su visión del mundo. Cada deidad, fuera masculina o femenina, tenía una pareja del otro sexo, expresando la creencia en la unidad de dos principios opuestos, como lo masculino y lo femenino, la vida

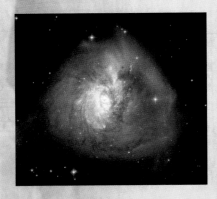

Choque entre galaxias producido a lo largo de centenares de millones de años.

y la muerte, el *yin* y el *yang* en la filosofía oriental o el mito griego de Hermafrodito y la ninfa Sálmacis. Algunos autores opinan que, necesariamente, los mayas debían tener un dios principal y superior, que rigiera sobre esa multitud de deidades. La mayoría de los antropólogos otorga ese puesto a Hunab Ku, que significa precisamente «Dios uno», pero otros prefieren asignarlo a Itzamna («Casa del lagarto»), como bien expresa la siguiente cita de un reconocido experto:

> *Mientras algunas fuentes mayas hablan de Hunab Ku como un solo y único dios, incorpóreo y omnipotente, la deidad suprema fue seguramente Itzamna, representado en los códices como un anciano de nariz romana, inventor de la escritura y patrono del estudio y las ciencias.*

Michael Coe

Fuera cual fuera la posición de Hunab Ku, su presunto vástago Kukulkan ocupaba un lugar muy destacado en el sistema de creencias de los mayas. Dios, hijo de dios o profeta elegido, Kukulkan había llevado a la tierra el mensaje doctrinal de los dioses, reinaba sobre el cielo de poniente, y se relacionaba con Venus compartiendo su brillante pureza. Sus fieles no solo lo veneraban, sino que lo ponían como ejemplo de las cualidades que debían alcanzar. Si esta voluntad de emulación nos recuerda a la *Imitación de Cristo*, de Kempis, también Kukulkan cumplía en el imaginario maya un rol mesiánico similar al de Jesús para los cristianos o Mahoma para los musulmanes.

La doctrina de la religión maya tenía una base fundamentalmente astrológica, en coincidencia con su visión del mundo como una inmutable unidad gobernada por el Cosmos. Todos los astros y estrellas poseían una esencia divina, y sus movimientos e intersecciones mutuas fijaban el destino de la comunidad y sus individuos. Por lo tanto no solo había dioses para los reyes, los chamanes adivinos, o los jefes guerreros, que formaban la clase privilegiada, sino también para los pastores, cazadores, pescadores, artesanos, artistas, bailarines, escribas y poetas; o para acontecimientos como nacimientos, bodas, muertes e incluso suicidios. De modo que los dioses, por más divinos que fueran, participaban continuamente en la vida cotidiana de la gente. (*Continúa en la pág. 154.*)

PRINCIPALES DIOSES MAYAS

Los nombres y la grafía de las deidades mayas se basan en escrituras jeroglíficas o en relatos de memoria oral. Su interpretación difiere bastante según las distintas corrientes de investigación. Aquí damos los que presentan mayores coincidencias, procurando mantener su mejor legibilidad en español.

Hunab Ku

El gran dios creador del Universo, padre omnipotente de todos los dioses. Los mayas nunca representaban su efigie, por ser un espíritu absoluto sin consistencia material.

Itzamna

Dios de los cielos y señor del día y de la noche, representado como un anciano de rostro aguileño, patrón de la escritura y del conocimiento. Ciertas versiones lo consideran hijo de Hunab Ku, aunque para algunos autores disputa a este la primacía entre los dioses.

Kukulkan

Dios del viento y guía de la comunidad de creyentes, representado a veces como una serpiente emplumada. Pese a ser quizá la deidad más popular entre los mayas, su divinidad ha sido matizada por quienes lo consideran solo un semidios, o incluso un humano escogido por los dioses para oficiar como profeta.

Ahau Kinik

Dios del Sol, hijo de Itzamna, que suele identificarse con este.

Ixchel

Diosa de la Luna, esposa de Itzamna. Protectora contra las inundaciones y patrona del embarazo y los tejidos. Se la representaba como una anciana vertiendo un cántaro de agua sobre la tierra o sentada ante un telar.

Chaak

Dios de la lluvia y de la luz, la fertilidad y los cultivos. Se manifestaba en cuatro emanaciones, una por cada punto cardinal, desde los que enviaba las beneficiosas nubes pluviales.

Yumil Kaax

Dios del maíz y de los campesinos, representado como un joven sosteniendo una fuente con mazorcas o llevando una de estas en la cabeza.

Ix Chebel

Esposa de Ahau Kinik, denominada «La dama arcoiris», actuaba como mediadora entre su luminoso marido y el dios de las tormentas.

Ur Akan

Dios de los ciclones y las tempestades; de su nombre proviene la palabra en español «huracán».

Ah Puch o Kisin

Dios de la muerte, que reinaba en el averno de Xibalba. Se le hacían ofrendas y sacrificios para obtener una muerte dulce.

Ixtab

Esposa del anterior, era la diosa de los suicidas, que se encomendaban a ella antes de quitarse la vida.

Kakupatak

Dios de la guerra; los combatientes le hacían ofrendas antes de la batalla, y cuando resultaban vencedores le dedicaban el sacrificio de los prisioneros.

Ik

Era otro dios del viento, posible ayudante o sustituto de Kukulkan.

Chaman Ek

Diosa estelar del Norte, o Estrella Polar.

Una casta privilegiada

La fundamental importancia de la religión en la vida de los mayas, se reflejaba en numerosos rituales y ceremonias. Se trataba generalmente de actos multitudinarios, que se celebraban frente a las pirámides o los templos. Entre los ritos que formaban parte del culto figuraban las ofrendas consistentes en animales, aves y frutos (los fieles debían alimentar a los dioses); los objetos de valor como el oro, el jade, y la obsidiana; o los adornos simbólicos de plumas y conchas. Estas ofrendas se acompañaban de invocaciones, rezos, teatralizaciones, danzas y cantos alusivos al dios invocado o a lo que se le pedía. También eran frecuentes los sacrificios de sangre, de los que enseguida hablaremos. Los festejos solían acabar en bacanales desenfrenadas con gran consumo de una fuerte bebida alcohólica (*balché*), tabaco, peyote alucinógeno, y hierbas psicotrópicas. En esas ocasiones todos los estratos sociales expresaban sus sentimientos religiosos en forma de catarsis, de total entrega a la potestad divina, que daba sentido y seguridad a sus vidas.

Representación de la Serpiente Emplumada. Quetzalcóatl es el nombre que dieron los pueblos de habla náhuatl al Ser Supremo. Se compone de dos raíces: Quetzal, "pluma", y Cóatl, "serpiente".

PEYOTE: LA ALUCINACIÓN CONSCIENTE

Los mayas mantenían un consumo respetuoso de los estupefacientes silvestres, que solo eran utilizados en las festividades religiosas o por parte de los chamanes en sus trances de adivinación. El más destacado era el llamado por ellos Peyote, por los aztecas «Carne de los dioses» y por la ciencia *Anhalonium Lewini*. Se trata de una cactácea pequeña, de color verde grisáceo o azulado, que se encuentra en las estribaciones altas de la Sierra madre. Tiene una conformación semejante al tomate, carece de espinas, y en su lugar presenta unos penachos blanquecinos.

El carácter alucinógeno del peyote se debe a su abundante contenido de mescalina, sustancia que, al contrario de otros psicotrópicos, mantiene al sujeto consciente mientras duran sus efectos. En el comienzo produce una sensación de molestia, que puede llegar al ahogo y al vómito. Superado ese malestar surgen visiones psicodélicas de puntos, superficies y objetos, mientras se altera la percepción del propio cuerpo y lo que lo rodea. Finalmente llegan las alucinaciones, cuyo contenido depende en gran parte de la situación y las expectativas del receptor. El peyote puede producir visiones peligrosas, que lleven a la autoagresión o a la asfixia, y de hecho aun en las bacanales estaba prohibido su uso sin control. Para emplearlo en forma correcta los sacerdotes o chamanes preparaban cuidadosamente la dosis adecuada a cada caso, trataban al participante con medidas previas como el ayuno y la meditación, y nunca lo dejaban solo durante la experiencia. También se ocupaban de crear un ambiente sereno y espiritual, propicio al contacto con los dioses.

Como se ha explicado ya, los mayas contaban con un almanaque religioso, el *tzoltin*, cuyas fiestas se grababan en orden circular (o sea cíclico) sobre una rueda de piedra con los bordes almenados. Al parecer esa rueda se engranaba con otra semejante pero de mayor diámetro y más número de dientes, que registraba los días del *haab* o calendario anual. Sabemos que el *haab* constaba de 365 días, mientras que el *tzolkin* tenía solo 260. De modo que la fecha de cada celebración resultaba movible, según el diferente giro de ambos calendarios en sus respectivas ruedas[*]

Los organizadores y oficiantes de todos los rituales eran los sacerdotes, una casta de prelados y chamanes absolutamente poderosa y privilegiada, que a menudo ejercía también el gobierno, y cuyo arquetipo legendario fue Pakal II. Además de las grandes festividades públicas señaladas, los sacerdotes celebraban ceremonias fuera de programa en casos excepcionales, como la guerra, una epidemia, o sequías prolongadas. Por otra parte, dado el abundante número de dioses apuntados en su teogonía, se oficiaban rituales a medida para los colectivos que deseaban honrar a su deidad particular; o se acudía a invocar al dios pertinente en los nacimientos, bodas, enfermedades, muertes, etc., a la manera de los párrocos de pueblo. Aparte de su condición sacerdotal,

Sacerdote maya.

[*]Aunque los mayas fabricaban estas y otras piedras circulares con distintos fines; no hay pruebas de que utilizaran la rueda como medio de transporte.

o combinada con esta, el clero reservaba para sí las artes y ciencias de la astronomía, la adivinación, la hechicería y el curanderismo. Se puede suponer que
estos altos personajes tenían una agenda de trabajo atiborrada, pero también
es cierto que esa dedicación les permitía controlar en cada momento la vida
y la conducta de sus feligreses. Tal dominio les otorgaba un prestigio social y
un poder político inobjetables que, cuando era el caso, facilitaban su función
en el gobierno.

Hierbas para curar y alucinar

Una de las principales razones del respeto y la devoción que obtenían los
sacerdotes, era su papel en la curación de los enfermos. Los mayas creían que la
enfermedad se producía porque un ser sobrenatural se había apoderado del
cuerpo y el espíritu de una persona. Por esa razón los chamanes, al igual que
los exorcistas cristianos, debían ser clérigos y a la vez un poco brujos. Sus recursos terapéuticos incluían rituales de expulsión del mal y purificación, con
apoyo de técnicas de limpieza del organismo, como el ayuno, las enemas pur-
gantes o los baños de sudor tipo sauna, para expulsar los malos humores al exterior; y sobre todo un variado muestrario de plantas medicinales. El gran la-
boratorio farmacológico de los chamanes mayas era la densa selva húmeda, con
su incontable variedad de árboles, plantas, hierbas, raíces, flores, y semillas.
Comprobaban el efecto de los probables medicamentos haciendo que enfermos o voluntarios sanos comieran, bebieran, fumaran, aspiraran, y se frotaran
sus preparados, e incluso se bañaran en estos. Las artes de medicina solían trans-
mitirse de generación en generación, por lo que algunas familias de chamanes
poseían un gran número de historias clínicas y un vademecum farmacológico
en el que basaban sus terapias naturales.

Según el mal a tratar, las hierbas podían ser hervidas, quemadas o machaca-
das, solas o mezcladas, para potenciar sus efectos curativos. Las más utilizadas,
pero no las únicas, eran el chili, el tabaco, el cacao, el ágave o pita (de la que ob-

CHAMANES PSICOANALISTAS

Como en la medicina de hoy, para los chamanes mayas el primer paso ante un enfermo era establecer el diagnóstico. Contaban con la experiencia acumulada por sus mayores, tal vez un buen ojo clínico, un par de rústicos instrumentos, y poco más. Por fortuna además de médicos era adivinos, lo que les permitía reemplazar escáneres y ecografías por revelaciones infusas del mal que debían curar. Tal vez no confiaban del todo en sus poderes, porque antes que nada sometían al paciente a un profundo y metódico interrogatorio, indagando en primer lugar en sus sentimientos en general, luego en los hechos concretos de su infancia y su vida personal, y finalmente en los problemas que en ese momento lo aquejaban. Algo bastante parecido a una sesión de terapia psicoanalítica en nuestros días.

tenían el pulque alcohólico y el mezcal), así como la corteza del árbol balché, llamada pitarilla. En los casos de irritación de la piel, heridas, quemaduras o migrañas, se aplicaban directamente sobre la epidermis hierbas frescas, en forma de emplastos. Además de las substancias vegetales, las recetas podían incluir partes de animales, como caimanes, peces, aves, y diversos insectos.

Otras ceremonias religiosas eran los baños de vapor, o *zumpulché*, como fórmula para purificarse y expulsar a los malos espíritus. Los baños se tomaban en una estancia techada, en la que calentaban al fuego unas grandes piedras. Luego por un agujero del techo se arrojaban chorros de agua, que al caer sobre las piedras calientes formaban densas nubes de vapor. La finalidad, como en las saunas actuales, era provocar una intensa sudoración que arrojara las impurezas del cuerpo. Los baños rituales estaban reservados a los gobernantes, sacerdotes y otros miembros de la clase superior, pero también se permitía utilizarlos a las mujeres que acababan de parir o a los enfermos convalecientes, que necesitaban recuperar energías. Los arqueólogos han encontrado casas de baño en Piedras Negras, nombre actual de una ciudad maya de Guatemala, y también restos en Tikal, Nakbe, y Aguateca.

Rituales de sangre

Para los mayas y otros pueblos mesoamericanos la sangre era el símbolo y testimonio de la vida. El hecho de derramarla por una herida probaba que eran seres humanos vivos, distintos de los muertos desencarnados del inframundo y de los dioses etéreos del cielo. Por lo tanto, ofrecer a estos un acto de sangre era una forma de ganar sus favores y calmar su enfado. Esa era la razón por la que los chamanes empleaban la sangría entre sus técnicas terapéuticas, o los guerreros se hacían pequeños cortes antes de entrar en combate. La sangre jugaba asimismo un papel fundamental en las grandes ceremonias y ritos que se oficiaban en las fiestas sagradas. Lo más común y frecuente era sacrificar un animal, por ejemplo un cordero (muy recurrido para estos oficios, desde los tiempos bíblico de Abraham e Isaac) o también un gallo. En ciertas ocasiones quien vertía su sangre durante el ritual podía ser el propio sacerdote, o alguien que como ofrenda o castigo debía ofrecerla a los dioses. En esos casos, el penitente se perforaba el lóbulo de la oreja, la lengua y los testículos con la espina de un arbusto. Luego recogía la sangre y la envolvía con la rama espinosa en una hoja o un papel, que quemaba con resina.

En los primeros estudios sobre los mayas se formó la imagen paradisíaca de un pueblo altamente civilizado, de carácter humanitario y pacífico, según el modelo europeo de la Arcadia. Al descubrirse algunos aras sacrificiales y ciertas escenas en bajorrelieve, se aceptó a regañadientes que los inocentes mayas realizaban sacrificios de animales en ofrenda a sus dioses. Nuevos hallazgos llevaron a sospechar que también sacrificaban seres humanos, lo que creó una interminable polémica entre los antropólogos. Hoy la mayoría de ellos acepta que

MUERTE EN EL JUEGO DE PELOTA

En el área central de las ciudades mayas, dedicada a los grandes monumentos, templos y pirámides, se encontraba en lugar privilegiado el estadio del juego de pelota. Este deporte sagrado, que ellos llamaban *Pok-a-Tok*, se desarrollaba en un gran rectángulo semejante una cancha de fútbol, flanqueado por plataformas ceremoniales y gradas escalonadas de piedra destinadas a los espectadores. El juego de Chichén Itzá, el mayor de los que se han conservado, alcanza los 18 m de largo por 7,5 de ancho, con una pendiente elevada en cada extremo que se denominaba «templo». Solo en esa ciudad hay otros 22 campos de *Pok-a-Tok*, lo que da una idea de la importancia que daban los mayas a ese juego.

La reglas eran sencillas, pero de muy difícil cumplimiento. Los puntos o «goles» se marcaban haciendo pasar una pesada pelota de cuero duro por un aro de piedra que sobresalía en perpendicular de una de las paredes, a unos 5 m de altura. Los jugadores no podían tocar el balón con las manos ni los pies, y debían impulsarla con los hombros, el pecho o las rodillas. La cantidad de jugadores debía referir al número siete, pero sin una disposición fija. Podían ser, por ejemplo, siete contra siete, o tres contra cuatro. Como la pelota lanzada era una especie de proyectil, y se arrojaban al suelo para golpearla, chocando a menudo entre ellos, usaban diversos implementos protectores, al estilo de los jugadores de fútbol americano. Llevaban una media máscara que les cubría las mejillas y el mentón, gruesos guanteletes de piel, hombreras de tela tupida forradas en algodón, corsés para proteger los riñones, gamellas o yugos en torno a la nuca, y un mandil de cuero o de recias fibras de palma entretejidas.

Tanta protección corporal era de algún modo paradójica, porque el juego de pelota siempre suponía la ejecución de algunos de sus protagonistas. Los estudiosos mantienen controversias sobre quiénes y por qué merecían morir. En tanto los jugadores eran habitualmente prisioneros o esclavos, se cree que el equipo vencido era condenado a muerte, mientras los vencedores salvaban la vida, al igual como los gladiadores en el circo romano. Sin embargo otra corriente de investigación sostiene lo contrario, basándose en pinturas que muestran al capitán del equipo ganador ofreciendo la cabeza a su homólogo del bando vencido, para ser decapitado. El vencedor se convertía en un elegido de los dioses, que recibían a su espíritu en forma directa e inmediata, sin exigirle que cumpliera la esforzada y lenta travesía por los 13 niveles del Cielo maya. El *Pok-a-Tok* no era en realidad un simple juego, sino una competición sagrada. Los arqueólogos entienden que el balón representaba al dios Sol, y que el propio juego podía simbolizar su recorrido aparente en el cielo. Por lo tanto el que mejor dominaba ese itinerario, pasaba a participar de la divinidad solar.

Lo más probable es que se dieran ambos casos, como sugieren los abundantes testimonios reflejados en pinturas y utensilios hallados por los arqueólogos. Entre estas representaciones de escenas del juego de pelota se cuentan varias vasijas policromas del sur de Campeche; otras cinco encontradas en la zona norte del Yucatán, y una decena de ellas en el Petén guatemalteco. En Labna, las pinturas al estuco del siglo VII incluyen una descripción completa del juego en acción. Se sabe que existía una variante del *Pok-a-Tok*, que solo podían jugar los miembros de las dinastías reales y los linajes nobles. Quizá para dirimir a muerte los conflictos sucesorios.

Al descubrirse ciertas escenas en bajorrelieve, se aceptó a regañadientes que los inocentes mayas también realizaban sacrificios de seres humanos. Friso de uno de los muros de uno de los campos de juego de Cichén Itzá.

la ejecución ritual era moneda frecuente en el intercambio entre los mayas y sus deidades. En tanto creían que en ciertas situaciones solo la sangre humana podía mantener en orden el Universo o calmar la ira de los dioses, escogían la víctima entre los prisioneros y esclavos, ó en ocasiones especiales sacrificaban niños huérfanos o bastardos.

Por lo general uno o dos ayudantes, los *chacs*, sostenían a la víctima por brazos y piernas, mientras otro asistente, el *nacom*, le abría el pecho con un cuchillo y le arrancaba el corazón. El sumo sacerdote tomaba la víscera aún palpitante, alzándola sobre su cabeza con ambas manos para que lo vieran todos, y en especial los dioses que pudieran estar enfadados. Con esa espectacular escena el oficiante anunciaba el final de la ceremonia, como en el *ite misa est* de la misa católica, y los fieles iniciaban la orgía alcohólica y sexual que se ha comentado antes.

Algunos autores sostienen que los participantes en las ceremonias sacrificiales bebían la sangre de las víctimas, y otros llegan a atribuir a los mayas actos de canibalismo ritual. Afirman que ante una alimentación mesoamericana escasa en proteínas, los efectos vigorizantes de la carne y la sangre humana eran considerados como un acto de magia. El mayor cuestionamiento de esas hipótesis reside en que para los mayas la sangre no era mágica, sino sagrada. Estaba consagrada a los dioses, y por lo tanto nadie se atrevería a beberla, y menos aún comer del cuerpo por el cual circulaba. Estas y otras divergencias entre los estudiosos, obedecen a la ambigüedad y el misterio que, intencionalmente o no, envuelven el legado que nos dejaron los mayas.

La intromisión del catolicismo

La conquista y colonización española significó una grave fractura en la historia religiosa de los mayas. La imposición del catolicismo por parte de los clérigos que acompañaban a Hernán Cortés y sus sucesores, afectó a las raíces más profundas de sus creencias. El impacto sincrético cambió o abolió muchos rituales y liturgias, pero no alcanzó destruir totalmente aquella fe milenaria.

Los mayas aprobaban la generosa ética que preconizaba el Evangelio cristiano, pero rechazaban que la mayor parte de los misioneros la practicaran con hipocresía, cuando no directamente en contra de las normas morales que predicaban. El nuevo, único y verdadero Dios que imponía el catolicismo hispano era asociado por los mayas a la opresión que ejercían sobre ellos los conquistadores. Fingían escuchar a los frailes, pero no aceptaban convertirse y abandonar a sus antiguos dioses. Un cronista de la expedición de Pedro de Alvarado a Guatemala, registró las siguientes palabras de un líder maya:

No quiero hacerme cristiano ni ser bautizado, y prefiero morir antes que renunciar a mi fe. Dile esto a Don Pedro de Alvarado… ¡Oh, despierta mi país, despierta! Y lanza fuego por tus volcanes para quemar y destruir al conquistador que viene a someternos a sus cadenas.

Jefe Tecún

Pese a la resistencia de los conquistados, los obispos y sacerdotes venidos de España no cejaron en su decisión de imponer la doctrina católica. La dureza de esa campaña, acompañada por la opresiva esclavitud a la que fueron sometidos los indígenas, acabaron consiguiendo numerosas conversiones, tanto sinceras como fingidas.

Lo más frecuente fue que los mayas que declaraban haberse convertido, en realidad incorporaran los dogmas y liturgias del catolicismo a sus creencias y deidades milenarias. Pasaron así a practicar un cristianismo muy particular, en el que se celebraba la Pascua con rituales paganos o se adoraba a un Cristo negro con rasgos de un dios maya ancestral. Ese conciliador sincretismo perdura hasta hoy, en las prácticas religiosas de los kichés y otros grupos mayas de la actualidad. Varios antropólogos que estudian a los descendientes de los mayas en Guatemala y el estado mexicano de Chiapas, han dejado constancia de esa confluencia. Por ejemplo, en el bautismo maya del hijo de uno de estos estudiosos, el oficiante rezó para que «los nueve dioses quieran protegerlo [...] con la ayuda de la Santa Iglesia Católica»; o en la tradicional ceremonia del *Chachaac*, el sacerdote maya emplea un crucifijo e invoca varias veces a la Virgen María.

La acendrada persistencia de sus creencias es quizá la argamasa que, a pesar de tantos pesares, mantiene unidas a las comunidades mayas de Mesoamérica. Aunque su cultura haya sido casi extinguida por el inicial desprecio de los conquistadores y el posterior avance de la modernidad; y aunque su sabiduría y sus vastos conocimientos hayan sido brutalmente destruidos por un clero fanático e ignorante; su religión original pervive entre los pliegues de un presunto catolicismo. Y en esa pervivencia podemos reencontrar la filosofía esencial de una extraordinaria civilización perdida.

Figura de barro representando a un jugador de pelota.

Astrónomos sin telescopio

Los sacerdotes astrónomos mayas eran denominados *ilhuica tlama-tilizmatini*, que significa «hombres sabios que estudian el cielo». Y realmente debían ser muy sabios porque, como ya hemos comentado antes, alcanzaron una precisión sorprendente en sus estudios mirando el cielo a ojo desnudo, sin telescopios ni otros artilugios ópticos. Compensaban esa carencia instrumental observando el firmamento desde lo alto de las pirámides orientadas según coordenadas celestes, a través de ventanas que encuadraban los principales planetas y constelaciones, u otros ingeniosos pero primarios recursos. Por fortuna contaban con un alto desarrollo de las matemáticas y la escritura, lo que les permitía hacer los cálculos necesarios de sus observaciones y consignarlas en sus códices jeroglíficos.

Se debe tener en cuenta además que las civilizaciones precolombinas surgieron aisladas del resto del mundo, y sus astrónomos no tenían ilustres y talentosos antecesores como los egipcios, los babilonios y los griegos. Estas culturas de la Antigüedad sentaron las bases de la astronomía científica, fundada por los astrónomos europeos precursores, como Copérnico, Kepler o Galileo. Pero mientras estos estudiaban los movimientos relativos de los planetas con respecto al Sol, en busca de confirmar la hipótesis del heliocentrismo de nuestro sistema planetario, los mayas, por el contrario, basaban sus estudios en el propio Sol, a partir de su pasaje cenital. Se denomina así al momento en que el astro rey se sitúa en una vertical absoluta o cenit sobre un punto de la Tierra, de forma que los seres u objetos que haya en ese punto no reflejan sombra alguna. Tal fenómeno solo ocurre en las latitudes situadas entre los dos trópicos, que es donde se encuentra el territorio de Mesoamérica. En el transcurso del año el Sol se dirige hacia el punto del solsticio de verano, en el paralelo 23,5° N. que marca el trópico de Cáncer. La mayor parte de las ciudades mayas se situaban al sur de ese paralelo, por lo que dos veces al año sus astrónomos podían ver al Sol directamente sobre sus cabezas. Clavaban entonces en el suelo una vara o un monolito alargado, lo que les permitía iniciar el estudio de la traslación aparente del Sol, observando el posterior desplazamiento de la sombra cuando esta reaparecía.

También podían observar el pasaje cenital del sol o de otros astros, tendiéndose de espaldas sobre una superficie elevada y perfectamente horizontal, como una terraza o el tejado de un edificio. Luego miraban el cielo a través de un tubo que de día evitaba el deslumbramiento por la luz solar, y ayudaba a enfocar la mirada en las observaciones nocturnas. En el Códice de Madrid puede verse la imagen de un astrónomo maya utilizando un tubo con ese fin. Sabemos también que habían acumulado los resultados de las observaciones realizadas durante siglos, para disponer de un historial astral más extenso y compensar la falta de precedentes. Por otra parte, los grandes monumentos mayas no estaban dispuestos por azar, sino al servicio de su interés por el cielo. El famoso «Caracol» de Chichén Itzá, con su domo que semeja un observatorio moderno, está emplazado en dirección al punto donde sale el Sol el día del pasaje cenital.

Esa obsesiva dedicación astronómica con tan escasos medios no parece que tuviera como fin una explicación del cómo y por qué de los movimientos astrales, sino su seguimiento para ajustar los calendarios y establecer predicciones. Su interés no era científico en sentido estricto, sino que el conocimiento era una necesidad colateral de un objetivo metafísico. Para ellos el Universo era como un gigantesco mecanismo de relojería, que no solo marcaba el tiempo presente sino también el pasado y el futuro. Y para eso debía funcionar con una exactitud inmutable. De allí la «Cuenta larga» de 5.000 años, que regía su destino y los avatares de sus vidas.

Pese a su aparente desinterés por lo que hoy conocemos como ciencia, los astrónomos y astrólogos mayas trasladaban los datos de sus observaciones a un complejo sistema matemático, por medio del cual los ciclos astrales y temporales eran partes interconectadas de un orden cósmico absoluto. Un ejemplo de esas interconexiones es la ingeniosa elaboración de las tablas de los ciclos de Venus y de la predicción de los eclipses solares que contiene el Códice de Dresde. Otra habilidad exclusivamente matemática, manifestada en sus calendarios, es la determinación del mínimo común múltiplo entre los distintos ciclos astrales registrados en sus observaciones e incorporados a sus calendarios.

La mayor parte de las ciudades y construcciones mayas muestran una orientación y distribución vinculada con su devoción mística por la astronomía. El más sorprendente juego astronómico de monumentos es el conjunto que los arqueólogos llamaron «Grupo E» de Uaxactún, en El Petén guatemalteco. Su construcción principal es una pirámide de base cuadrangular con sus corres-

ESQUEMA DEL «GRUPO E»

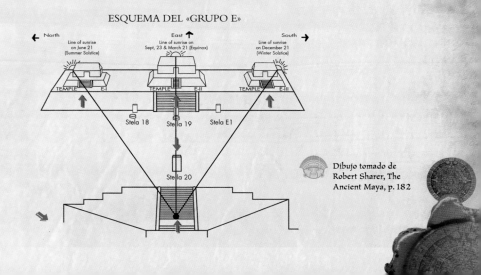

Dibujo tomado de Robert Sharer, The Ancient Maya, p. 182

pondientes escaleras en cada fachada. El punto de observación es la escalera del lado este, y está marcado por una estela que se levanta a sus pies. Al otro lado de la plaza hay otra estela similar frente a la escalinata de una plataforma alargada, orientada de norte a sur, sobre la que se disponen en hilera tres pequeños templos. Para un observador situado en el centro de la escalera oriental de la pirámide, el ángulo izquierdo del tejado del templo del norte indica el punto del amanecer el 21 de junio, día del solsticio de verano en el hemisferio Norte; el centro de la línea del tejado del templo central señala el amanecer del 21 de marzo y el 23 de septiembre, los equinoccios de primavera y otoño; y el ángulo meridional del tejado del templo sur indica la salida del Sol el día 21 de diciembre (solsticio de invierno).

Los mayas estudiaban los ciclos constantes de la Luna, Venus y los otros planetas visibles, para ser capaces de predecir en qué sitio del cielo se encontrarían esos astros en un momento futuro. Recordemos que los cuerpos celestes eran considerados dioses, y anunciar su ubicación suponía haberse comunicado con ellos. Los sacerdotes astrólogos utilizaban esos conocimientos para aconsejar e influir a los gobernantes sobre diversos asuntos (cuando no ejercían ellos mismos el gobierno), así como para demostrar a los fieles su trato privilegiado con las deidades astrales.

LOS ASTROS DIVINOS

Veamos ahora qué sabían los mayas de los cuerpos celestes en tanto astros del firmamento, y qué poderes les atribuían como deidades celestiales:

Venus *(Chak Ek)*

Tan intenso era el interés de los mayas por Venus, que la estudiaban diariamente, siguiendo sus estaciones. Gracias a esa persistencia, llegaron a conocer a la estrella de los crepúsculos mejor que cualquier otra civilización más allá de Mesoamérica. El culto a Venus la consideraba compañera y guía del Sol, en tanto aparecía antes y muy cerca de este cada mañana y desaparecía con él al atardecer. Los astrónomos mayas establecieron que Venus cumplía un ciclo de 584 días respecto a la Tierra, y que se alineaba con nuestro planeta y el Sol cada 2.922 días. Daban también gran importancia a las estaciones de esos recorridos, sobre todo cuando el astro se encontraba en el punto más alto y más bajo respecto al horizonte terrestre.

Los mayas celebraban con gran pompa (se cree que incluso con sacrificios humanos) la primera aparición de Venus después de su conjunción superior, cuando brillaba con su mayor magnitud. Pero el punto opuesto, la conjunción inferior, cuando apenas se la ve sobre el horizonte, era un mal augurio que provocaba temor y ansiedad. Según la concepción de los sacerdotes astrólogos, la primera aparición de Venus cuando se encontraba en conjunción con Júpiter era el momento más apropiado para la guerra. Por lo menos, cuando los mayas actuaban como atacantes. Esta potestad bélica de la estrella matutina era compartida con otra serie de cualidades divinas, que variaban según la época y las distintas comunidades mayas.

El Sol (Ahau Kinik)

Por las observaciones que mencionamos antes, los mayas conocían al dedillo la elíptica del Sol y los momentos de su paso cenital. Estudiaban también, y por eso podían predecirlos, la fecha de los solsticios y equinoccios y la posición donde emergía el Sol en cada uno de ellos, según demuestran las alineaciones arquitectónicas del Grupo E. Asimismo, trazaban la eclíptica solar relacionando su recorrido con las estrellas fijas que forman las constelaciones, lo que les permitía estudiar los ciclos de la Luna y de los planetas del sistema vinculados con el Sol. Sabemos que en su viaje eclíptico el Sol atraviesa doce grupos estelares, que son los que forman el Zodiaco. Por eso las predicciones mayas responden a una suerte de astrología, aunque no se sabe a ciencia cierta cuántas y cuales constelaciones podían reconocer en sus observaciones.

Se ha comprobado que los astrónomos mayas llevaban su obsesión por el orden cósmico a dividir el firmamento visible en varios grupos estelares. A uno de estos lo llamaban «escorpión», en coincidencia con nuestra constelación de Scorpio, y para ciertas predicciones empleaban las dos estrellas gemelas que resaltan en Libra. Se sabe asimismo que las Pléyades se dibujaban como la cola de una víbora de cascabel, que el grupo que denominamos Géminis tenía en el cielo de los mayas forma de jabalí, y que otras constelaciones de la eclíptica se identificaban como una serpiente, un jaguar, una tortuga, o un monstruo marino con fauces de tiburón.

La Luna *(Ixchel)*

La exactitud en las observaciones y registros de las fases de la Luna es una característica de la civilización maya, desde sus tiempos más primigenios. Los ciclos de nuestro blanco satélite dieron pie a un calendario maya llamado *Tun Uc*. En varias inscripciones, después de informar sobre la fecha de acuerdo con el *haab* (y con el *tzolkin* cuando tocaba), se añadía el cálculo según el calendario lunar. El periodo sinódico de la Luna es de 29,5 días, por lo que el calendario lunar maya abarcaba 29 o 30 días, en forma alternada. Esa opción le otorgó una notable certeza, al tiempo que eludía la necesidad de intercalar cada tanto un período irregular.

El otro gran acierto de los mayas con respecto a la Luna, fue el cálculo y predicción de los eclipses solares. Sabían que un ciclo de unas 405 lunaciones (casi 12.000 días, o 46 años *tzolkin*) abarcaba las posibilidades de repetición de un eclipse visible desde Mesoamérica. Dividían ese ciclo en otros tres de 135 lunaciones cada uno, y estos se subdividían a su vez en nueve series de 6 y 5 meses. Es decir, periodos de 177 o 148 días, ordenados en una secuencia que correspondía al intervalo exacto entre dos eclipses.

Marte

Ciertos mitos mayas explican que Marte estuvo habitado por dos bandos opuestos de semidioses, que se destruyeron entre sí. Antes de la debacle final algunos de ellos lograron trasladarse a la Tierra, donde crearon la especie humana. Desde el punto de vista astronómico Marte muestra traslaciones aparentemente erráticas, como una especie de vagabundo del cielo. Kepler solucionó este enigma astral a principios del siglo XVII, proponiendo que el planeta rojo describía una órbita elíptica alrededor del Sol. Un milenio antes, los anónimos astrónomos mayas no solo describieron certeramente el mismo movimiento, sino que lo relacionaron con otros acontecimientos celestes y terrestres. El interés de los mayas por Marte se conocía ya por los textos y esquemas del Códice de Dresde, pero recientes descubrimientos revelaron el trazado de una serie de ciclos marcianos desconocidos por la astronomía actual. Esta ha comprobado la existencia de esos ciclos y la exactitud de su registro por los mayas, confirmando la cualidad precursora de sus descubrimientos y la superioridad de la observación a ojo desnudo en ciertos aspectos de los cuerpos celestes.

Las Pléyades *(Tzab ek)*

De papel destacado en las mitologías, esta constelación, también conocida como «Las siete hermanas», era la base del calendario sagrado que los mayas llamaban *tzolkin*, y se representaba como la cola de una serpiente de cascabel. El Sol se toma un periodo de 26.000 años para orbitar Alción, la estrella central de las Pléyades, o sea el mismo ciclo que la precesión de los solsticios. Los astrónomos mayas redujeron esa cifra a 260 días para su calendario, que se iniciaba cuando los sacerdotes veían por primera vez a las Pléyades asomando por el horizonte de poniente al amanecer, antes de que la luz del sol apagara el brillo de todas las estrellas.

Desde el punto de vista de su origen mítico, los mayas creían que sus abuelas y abuelos ancestrales provenían de las Pléyades (véase la teoría del origen alienígena), y que desde esta constelación había sido creado el Universo. En 1990 el telescopio espacial Hubble descubrió que la Vía Láctea nació como una gran espiral, originada en la estrella Mérope de las Pléyades. Fuera de esa espiral, solo hay un inmenso espacio vacío. Para saber esto la astronomía no necesitó solo un telescopio, sino también que este pudiera situarse en el límite superior de la atmósfera. No podemos saber qué recurso emplearon los mayas para ubicar en esa constelación el nacimiento de nuestra galaxia.

Orión *(Ak Ek)*

La constelación de Orión ocupa también un lugar privilegiado en las antiguas mitologías, y es la favorita entre los autores de lo que podríamos llamar esoterismo astronómico, que las vinculan a diversas profecías catastróficas sobre el fin del mundo. Según algunos de ellos las pirámides de Egipto se distribuyen en la misma posición que las tres principales estrellas de Orión: Rigel, la gigante azul; Kappa Orionis; y Saif, que completan la constelación con el cinturón formado por tres agrupaciones estelares llamadas Alnitak, Miltaka y Alnilam.

Las tres estrellas de mayor brillo forman un triángulo equilátero que los mayas llamaban «Las tres piedras del hogar», simbolizando sus fogones de tres piedras dispuestas en forma triangular, en cuyo centro encendían el fuego. Como confirmación de esa simbología, denominaban «el humo del hogar» al cinturón tripartito de estrellas de menor brillo, y la Nébula M42, que aparece en el centro del triángulo era para ellos la llama que nunca se apagaba.

En el Códice de Madrid los mayas pintaron a Orión como una tortuga que carga tres grifos de piedra. Su caparazón es un símbolo de la Tierra, al igual que la cola de caimán en su cosmogonía. En el principio el cielo y la tierra formaban un todo indiferenciado, donde surgieron las estrellas de Orión para proceder a la creación del mundo. Al separarse de la Tierra el cielo creó la constelación contigua de Géminis, la madre jabalí, cuyos jabatos eran las pequeñas estrellas del cinturón de Orión. Por otra parte, en el Popol Vuh Orión representa a Hun Hunahpu, el primer padre y dios del maíz, progenitor de los gemelos fundadores Hunahpu y Xbalanqué.

Misteriosa extinción

De pronto, en el paso entre los siglos VIII y IX de nuestra era, la gran civilización maya desapareció. Literalmente. Las ciudades vacías fueron saqueadas por merodeadores, y las altivas pirámides invadidas por la vegetación selvática. Los sacerdotes y astrónomos abandonaron los códices que guardaban su sabiduría, y los templos se transformaron en guaridas de animales salvajes. Cuando los españoles llegaron al Yucatán en el siglo XVI, fueron recibidos por unos pocos campesinos que vivían en modestas aldeas de chozas primitivas. ¿Qué pudo motivar tan absoluta y apresurada desaparición?

Esa es la gran pregunta que arqueólogos, antropólogos e historiadores se vienen planteando desde hace más de un siglo, sin llegar a ninguna conclusión aceptable y aceptada. Las causas que se argumentan van desde una gran sequía a una invasión que diezmó a los vencidos, pasando por una peste desconocida o una sangrienta rebelión popular. Diversas corrientes académicas defienden cada una de estas hipótesis, o dos o más combinadas. Pero ni siquiera la inverosímil coincidencia de todas ellas en un breve lapso de tiempo, daría cuenta totalmente de esa misteriosa extinción.

Los partidarios de una relación de los mayas con seres alienígenas tienen su propia teoría: suponen una abducción desde naves extraterrestres, para preservar a la elite sacerdotal y buena parte de los pobladores de alguna tremenda catástrofe natural. Al margen de su carácter esotérico, ese suceso justificaría la desaparición instantánea de casi todo un pueblo, abandonando sus hogares y los registros de sus amplios conocimientos.

Una de las primeras hipótesis fue la que suponía como causa la invasión del Yucatán por un ejército extranjero, que al ocupar las ciudades mayas ejecutó a los gobernantes y sacerdotes, diezmando a los pobladores. Tal suceso sería una buena explicación del desastre, pero lamentablemente es también muy poco probable. La base de su argumentación es la supuesta irrupción de un belicoso pueblo de las costas bajas del Golfo de México, tal vez los toltecas o una tribu alentada por estos. La mayor parte de los mayanistas no aceptan que una invasión militar pueda ser el motivo de la súbita caída de una civilización tan arraigada y compleja.

Hay evidencias arqueológicas de la presencia de los toltecas en ciudades mayas del Yucatán, pero también de que se trató más bien de una ocupación no violenta que llevó a cierto grado de convivencia. Es probable que la parte dura de la invasión, si la hubo, corriera a cargo de sus aliados Itzáes, que luego se instalaron en Chichén. También se cree que la expansión del imperio de Teotihuacan, aunque basada en el comercio, incluyó acciones militares de asedio y derribo. Pero Teotihuacan y los mayas ya mantenían buenos intercambios mercantiles bastante antes del colapso de estos.

La rebelión de las masas

Otra línea de pensamiento, desarrollada por el ya mencionado arqueólogo británico John Eric Thompson, atribuye la debacle de la civilización maya a una violenta rebelión contra la clase dominante. Los testimonios arqueológicos indican que en el apogeo de ciudades como Tikal y Copán en el siglo VIII, y más precisamente entre los años 730 y 790, los gobernantes iniciaron un vasto y ambicioso plan de construcciones. Los proyectos incluían la ampliación y erección de grandes templos, palacios, y otros edificios. Sin maquinaria de construcción ni transporte rodado de carga, esas obras requirieron la mano de obra de una gran cantidad de hombres, que emigraron de las aldeas a las ciudades y centros de culto. Se formó así una especie de «clase obrera» circunstancial, trasplantada de su ambiente, maltratada y duramente explotada.

Siempre según Thompson, esos trabajadores casi esclavizados acabaron protagonizando una sangrienta rebelión contra la clase gobernante. En sus palabras la pesada carga que soportaban «minó la unidad religiosa y el orgullo de emprendimiento colectivo» por parte de los obreros de las construcciones. Perdidos esos valores de cohesión, se volvieron contra la elite que los explotaba, en especial contra la casta sacerdotal que ostentaba el poder. Eso explicaría el abrupto colapso de las funciones religiosas, políticas e intelectuales de esa elite, aunque no el abandono de las ciudades por parte de los rebeldes. Thompson apoya la existencia histórica de esa rebelión en los palacios y centros ceremoniales inconclusos, en el hallazgo de algunos edificios que mostraban huellas de haber sido incendiados, o en el trono derribado que se encontró en la antigua ciudad maya de Piedras Negras. Pero varios historiadores se encargaron de derribar también la bonita teoría del prestigioso arqueólogo.

El primer cuestionamiento apuntó a la asunción por parte de Thompson del modelo histórico «rebelión popular contra una casta sacerdotal», porque en ese periodo la mayoría de las ciudades mayas estaban gobernadas por elites militares y aristocráticas surgidas al calor de su propio apogeo, que habían desplazado a los sacerdotes astrólogos arrebatándoles buena parte de su poder. Por lo tanto resulta bastante dudoso que el pueblo reaccionara con la pérdida de la fe y la obediencia religiosa. Tampoco explica esta teoría qué hicieron los rebeldes después de su acción destructiva, ni por qué decayó drásticamente la población. En los procesos históricos, lo normal es que después de un conflicto de esa naturaleza se reestablezcan instituciones iguales o semejantes a las derribadas, aunque sea con otro signo. Los revolucionarios vencedores no suelen abandonar su trofeo para correr a difuminarse en la selva o cualquier otro entorno. Cuando las clases bajas se levantan contra las elites y consiguen derrotarlas, buscan ocupar su lugar o abolir cualquier elitismo, pero seguramente no se marchan a otro sitio. Por otra parte, está establecido por la demografía histórica que al liberarse de una opresión las poblaciones tienden a crecer y no a disminuir. No se ha registrado ningún proceso revolucionario que haya causado el total abandono de una determinada región. La teoría de Thompson, aun siendo plausible y atractiva, no cuenta con ningún precedente histórico que le dé mayor credibilidad.

La quiebra de las rutas mercantiles

Los mayas, como las otras grandes culturas mesoamericanas, conocían y practicaban el comercio a través de rutas preestablecidas y muy trasegadas. Los pueblos de las montañas, la selva húmeda, el valle central y las costas del golfo, intercambiaban sus respectivos productos por medio de un intrincado sistema mercantil creado, dominado, o por lo menos coordinado desde el siglo IV d. C. por la cultura imperial de Teotihuacan. Como los alimentos y los enseres domésticos y agrícolas se producían en el ámbito local, y los intentos de conservarlos fracasaban en el clima de la selva húmeda, las operaciones comerciales de larga distancia se basaban principalmente en mercancías de lujo, que expresaran el alto rango de las elites aristocráticas.

Los mayas participaban del sistema ofreciendo productos propios, como cacao, plumas de ave, obsidiana, cuchillos de pedernal, jade, cerámicas, o pieles de jaguar, al parecer en buenas relaciones con los consignatarios teotihuacanos. Algunos autores sostienen que la decadencia del imperio del valle de México, que se sitúa a mediados del siglo VIII, desequilibró de tal forma la red de rutas comerciales, que pudo afectar a la economía maya al punto de producir su total colapso. Ese argumento gozó de cierta verosimilitud, hasta que

El término Chac Mool, inventado por Le Plongeon, designa un tipo de escultura que representa a un hombre acostado sosteniendo un plato sobre el vientre. El hombre se apoya sobre sus codos, con las rodillas dobladas y la cabeza girada 90 grados hacia un lado. El nombre significa «gran jaguar rojo» en maya yucateco. No debe confundirse con Chaak, dios maya de la lluvia.

investigaciones posteriores establecieron que la caída de Teotihuacan, cuyos habitantes llegaron a abandonar la ciudad sagrada, había tenido lugar un siglo antes, entre los años 600 y 650. Eso cambió totalmente la interpretación del vínculo entre esa caída y la destrucción de la cultura maya. Si antes se pensaba que ambos hechos podían tener una correlación inmediata y directa, ahora se podía sostener lo contrario. Es decir, que la declinación de Teotihuacan había permitido e impulsado un siglo más de existencia e incluso de prosperidad a la civilización maya.

Se admite actualmente que las rutas comerciales mesoamericanas no se quebraron por el colapso de Teotihuacan, sino que fueron mantenidas por otros centros mercantiles, entre ellos las ciudades mayas. Cuando finalmente los intercambios cedieron, fue posiblemente por problemas comerciales o por la decadencia de algunos centros importantes. La ruptura de esas rutas no fue la causa de la desaparición del mundo maya, sino por el contrario, un efecto colateral de su caída.

El azote de la peste

Una epidemia de peste es un factor que puede afectar bruscamente a un gran número de personas. De hecho, en el siglo XIV la llamada peste negra mató a un tercio de la población de la época, o sea a unos 25 millones de personas. Una epidemia semejante en Mesoamérica hubiera bastado para exterminar a la gran mayoría de los mayas y destruir su civilización. Pero que se sepa, no hubo en la región ninguna epidemia de un mal del tipo de la fiebre bubónica (la «peste negra» medieval), aunque las enfermedades infecciosas son frecuentes en las regiones de selva húmeda, como las tierras bajas del Yucatán. Varios autores señalan que las poblaciones de ese territorio pudieron sufrir epidemias de tripanosomiasis americana producida por el ascaris, un parásito que se instala en el intestino delgado. Los efectos de esa enfermedad pueden ser la anemia, la pérdida de peso y un cuadro diarreico agudo. Se cree que la deforestación emprendida por los mayas para expandir sus cultivos, pudo producir un desequilibrio ecológico favorable a la proliferación del ascaris y otros agentes patógenos intestinales, que en ciertas condiciones pueden llegar a ser mortales. Los males que cursan con diarreas agudas pueden atacar a niños en edades tempranas, afectando a su capacidad de nutrición y su desarrollo normal, lo que los hace más susceptible de adquirir otras enfermedades en su vida adulta. En cualquier caso, la lentitud y relativa mortalidad de esas patologías, no explicaría una brusca disminución masiva de la población, aunque pudo ser un elemento coadyuvante menor.

200 años sin lluvias

Las civilizaciones de la Mesoamérica precolombina mantenían una crítica dependencia del agua. Los mayas no escapaban a esa ley, y el acceso a los acuíferos y la gestión del uso del agua fueron elementos vitales para su vida y su cultura. La propia presencia de un pueblo organizado y próspero en una pantanosa región tropical fue en sí misma una notable excepción. Aunque teóricamente habitaban en la lluviosa selva húmeda, en realidad tanto la península de Yucatán como la cuenca del Petén eran tierras especialmente sensibles a una sequía prolongada, y sin acceso a fuentes permanentes de agua potable. Las sequías estacionales regulares iban evaporando el agua superficial, sobre suelos tropicales delgados y frágiles, que perdían su fertilidad al faltarles la protección de la selva húmeda. Uno de los grandes logros de los maya fue el de desarrollar una avanzada civilización en una región siempre oscilante entre la lluvia y la sequía, en la que incluso un leve retraso en las precipitaciones podía resultar vital. Para afrontar ese problema idearon un ingenioso método de acumulación del agua, y un estricto sistema para racionalizar su empleo.

La idea de que una sequía de una duración excepcional fue la principal causa del colapso de los mayas, es quizá la teoría más sostenible sobre ese misterioso acontecimiento. La ciencia viene comprobando desde hace unas décadas que los cambios climáticos son un factor fundamental en el ascenso y caída de las civilizaciones históricas en todo el mundo. Según los investigadores estadounidenses H. Weiss y R.S. Bradley, «en los últimos años, nuevos datos proporcionados por arqueólogos, climatólogos e historiadores, inauguran una nueva era en el estudio global y hemisférico de los cambios climáticos y sus impactos culturales». Señalan estos autores el ejemplo del periodo holoceno, que abarca los últimos 10.000 años. Hasta hace poco se lo consideraba climáticamente estable, y ahora «ha desplegado un sorprendente dinamismo, que afectó al basamento agrícola de las sociedades preindustriales».

Los críticos de la hipótesis de la gran sequía se preguntan por qué fueron abandonadas las ciudades del sur y del centro, mientras las del norte, como Uxmal o Chichén Itzá, continuaban prosperando. Incluso en esta última se produjo un proceso de reestructuración del ejército y de las instituciones políticas y religiosas. Una sequía prolongada, argumentan, debió alcanzar a todo el Yucatán y el Petén. Sus oponentes responden que las ciudades norteñas, aunque no estaban en la costa, se proveían tradicionalmente de alimentos marinos que salaban para su conservación, lo que puede explicar la supervivencia de centros

LA MEMORIA DEL BANQUERO TEJANO

El ex banquero tejano Richard «Dick» Gill es en la actualidad el mayor defensor y divulgador de la hipótesis de la gran sequía. En recientes declaraciones a la BBC explicó que la idea de que la causa podía ser una gran sequía le vino de un recuerdo infantil: la devastadora sequía que asoló Texas en la década de 1950, que agostó todos los campos y produjo numerosos incendios. El niño no olvidó nunca la tragedia que puede significar la falta de lluvia.

Después de una visita al Yucatán en 1968, Gill quedó impresionado por las ruinas de Chichén Itzá e intrigado por la enigmática desaparición de la cultura maya. Varios años más tarde una crisis financiera obligó al cierre del banco de la familia, y Dick tuvo las manos libres para dedicarse a desvelar el enigma del colapso maya. Siguió estudios de arqueología y antropología, y recorrió toda Mesoamérica durante más de veinte años, contando con la colaboración de Fred Valdez, arqueólogo de la Universidad de Texas.

Valdez estudió la alfarería hallada en la región y contabilizó el número de antiguas granjas en distintas áreas, para llegar a la conclusión de que el pueblo maya abarcaba millones de individuos, que habían fallecido en un lapso muy corto de tiempo. Gill por su parte acudió a los archivos coloniales españoles, que registraban una sequía de larga duración que arruinó las cosechas en el año 1795 y el siguiente. Sin embargo los esforzados investigadores no hallaron datos sobre una sequía que se hubiera producido en el crítico siglo IX. Gill estudió miles de informes meteorológicos historibcos de esa y otras regiones, y descubrió que en la época del colapso maya el norte de Europa había sufrido una intensa ola de frío. Consultando registros climatológicos, el tenaz arqueólogo comprobó que a principios del siglo IX un sistema de altas presiones del Atlántico norte se había desplazado hacia América Central. En esa época se habían dado dos fenómenos coincidentes: una intensa sequía en el Yucatán y un brusco descenso de las temperaturas en el norte de Europa. La confirmación definitiva de la teoría de Gill fue encontrada por científicos de la Universidad de Florida. Un equipo de investigadores se desplazó al Yucatán, para estudiar las conchillas acumuladas en las capas de lodo del fondo del lago de Chichancanab durante 7.000 años. Comparando la cantidad de oxígeno encerrado en la conchillas, establecieron que el siglo IX había sido el de mayor sequía en todo ese prolongado periodo.

Me produce una cierta satisfacción haber comprendido
finalmente lo que sucedió
con los mayas, pero como ser humano es horrible pensar
en lo que les ocurrió

Richard Gill

Pirámide de Kukulkan o Kukulcán en Chichén Itzá, uno de los principales sitios arqueológicos de Yucatán, México.

como Chichén Itzá o Mayapan. Otra discrepancia gira en torno a los distintos regímenes de lluvia. Los que cuestionan la teoría señalan que los datos actuales indican que llueve mucho más en el sur, mientras en el norte las precipitaciones son escasas, y por tanto esa región debiera haber sido afectada antes. Desde el otro bando responden que las mediciones de hoy nada tienen que ver con las lluvias de los siglos IX y X, que es cuando se habría producido la interminable sequía.

Un error ecológico

Hasta hace unos años se pensaba que los mayas utilizaban el primitivo sistema agrícola de cortar las cosechas y quemar sus rastrojos. En esa idea se basó la teoría del agotamiento del suelo enunciada ya en 1921 por O.F.Cook, a la que se agregaron como causas coadyuvantes la agricultura intensiva, la erosión y la invasión de los pastos de la sabana, hasta caer en un auténtico colapso ecológico.

Las investigaciones más recientes han demostrado que los mayas utilizaban una compleja serie de técnicas agrícolas, de forma de poder alimentar a su numerosa y creciente población. Esos sofisticados métodos de cultivos intensivos eran empleados por los mayas y otras civilizaciones avanzadas de Mesoamérica, para optimizar su producción y marcar distancias con los pueblos menos desarrollados de la región. Baste decir que algunas de esas técnicas aún no han sido adoptadas por las actuales explotaciones agrícolas. El sistema de los mayas incluía canalizaciones, terrazas escalonadas, renovación de la tierra, siembras elevadas, irrigación dirigida, y el uso de heces humanas como fertilizante. Otras técnicas específicas eran la utilización estacional de estiércol para rellenar los bajos y recuperar los pantanos, la construcción de diques para administrar el agua y de estanques u otros recursos para reservarla. También efectivamente, se servían del corte y quema, pero de manera controlada.

Con este complejo de técnicas los mayas obtuvieron su alimentación durante casi dos milenios, tanto en los terrenos montañosos como en la problemática selva húmeda. Levantaron una civilización excepcional en territorios que otros pueblos hubieran considerado inhabitables. Es verdad que su tipo de agricultura tenía una alta dependencia del agua, pero ellos sabían almacenarla y gestionarla. Según la hipótesis del colapso ecológico, hubieran sobrevivido incluso a la terrible sequía propugnada por Dick Gill, si no hubieran descuidado otros factores de su entorno. Básicamente, el agotamiento del suelo y la deforestación indiscriminada de la selva, que afectó el equilibrio ambiental entre vegetación, fauna y flora. Y también, por supuesto, al régimen de lluvias.

DESPUÉS DE LA CAÍDA

Los expertos han fijado el año 925 d.C. como fecha definitiva del declive maya. Durante los 50 años siguientes solo permanecieron en la región algunas poblaciones aisladas, de escaso nivel cultural. Ya no disponían de quienes supieran interpretar los calendarios, o leer las inscripciones de códices y bajorrelieves. La gran cultura maya había desaparecido, y esos pobladores no estaban capacitados para reprimir influencias foráneas. En el 976 los toltecas del México central ocuparon pacíficamente esa zona casi inhabitada, y durante más de dos siglos mantuvieron una interacción cultural y religiosa con los restos de la civilización maya. Adoptaron al dios Kukulkan con el nombre de Quetzalcóatl, e impusieron ciertos rasgos propios en detalles de las construcciones y su decoración. Hacia el año 1000 la dinastía Cocom, que reinaba en Mayapán, fue alcanzando una clara supremacía sobre las otras ciudades importantes del territorio maya. En 1441 los Xiu nahua de Uxmal atacaron y arrasaron Mayapán, y destruyeron definitivamente lo que quedaba de la cultura maya. Cuando en el siglo siguiente llegaron los españoles, los descendientes de los mayas mantenían su lengua original, o por lo menos algunos de sus dialectos. Pero ya no sabían leer los códices que guardaban por tradición, ni descifrar las inscripciones en piedra.

Tom Sever, el único arqueólogo que trabaja para la NASA en el Centro de Vuelos Espaciales Marshall (MSFC en su sigla en inglés), comenzó a estudiar las ruinas mayas desde satélites en el año 2004. Combinando esos estudios con hallazgos convencionales sobre el terreno, Sever y sus colaboradores van recomponiendo el puzzle de la discutida desaparición de los mayas. Usando la técnica de analizar el lodo de los lechos lacustres, comprobaron que hace unos 1.200 años, justo antes del colapso, desaparecieron del medio ambiente maya tres tipos de polen, que fueron reemplazados por polen de malas hierbas. O sea, la región había sufrido una casi total deforestación. Sin árboles, la erosión de los suelos debió necesariamente empeorar, eliminando la capa de tierra fértil. Ese cambio pudo elevar hasta en 6° la temperatura, según una simulación por ordenador realizada en el MSFC. El aumento del calor debió resecar aún más el suelo, haciéndolo totalmente árido e inútil para los cultivos. De acuerdo con el climatólogo Bob Oglesby, colega de Sever, las altas temperaturas pudieron alterar el régimen de lluvias. En zonas como el Petén el agua ya es de por sí escasa, y las napas subterráneas se encuentran a casi 20 m de profundidad, demasiada para extraerla por un pozo o aljibe. En esas condiciones, morir de sed es una amenaza real.

Los análisis de restos humanos obtenidos en excavaciones arqueológicas convencionales, mostraron que los huesos perteneciente a las décadas previas al colapso maya mostraban una aguda desnutrición. ¿No hicieron ellos nada para evitarlo? Los estudios de Sever desde satélites muestran imágenes que confirman la existencia de restos de antiguos canales de drenaje e irrigación hacia las zonas pantanosas de la región. Los investigadores sospechan que los mayas almacenaban agua en esos pantanos para el riego de las tierras cultivables. Los llamados «bajos» ocupan un 40% del terreno, y explotar esa amplia área haciéndola fértil les hubiera proporcionado una reserva de alimentos más abundante y estable. Podrían haber trabajado las tierras altas durante la estación húmeda y los bajos en los meses sin lluvias, año tras año, en lugar de deforestar la selva para abrir nuevos campos en cada siembra.

Quizá los mayanistas deberían dejar de buscar una causa externa para la caída de la gran civilización maya, si es verdad que el descuido ecológico la llevó a destruirse a sí misma.

 El arqueólogo Tom Sever estudia las ruinas mayas desde los satélites, pero también lo hace sobre el terreno.

Historia y vida de los mayas

*L*a historia de los mayas, según su propia Cuenta Larga, se inició el 11 de agosto de 3114. Así, de un día para otro; lo que apoyaría las tesis ya comentadas de un origen atlante o extraterrestre. En lo que atañe a la investigación científica, se ha comprobado que Mesoamérica estuvo poblada por comunidades prehistóricas desde hace unos 10.000 años. En el territorio maya, o el Mayab, recientes mediciones con carbono registran restos humanos en Belice alrededor del 2600 a.C. y las primeras aldeas estables se habrían instalado en Sonomusco, sobre la costa del Pacífico, en torno al 1800 a.C. Lo que los autores de esas mediciones no aclaran, o tal vez no saben, es si esos habitantes eran ya auténticos mayas. De todas formas, en esa época se inicia la historia oficial de su cultura, con lo que ha dado en llamarse «período preclásico temprano».

Un lento despertar

No es mucho lo que se sabe del primer milenio de esa prolongada etapa inicial, salvo que los mayas se organizaban en comunidades independientes de

 Mientras el hombre tomaba su baño después de una jornada en el campo, la mujer preparaba la comida principal en la que, entre otros muchos alimentos, no podían faltar los tamales de maíz.

familias campesinas, y elaboraban una artesanía elemental de utensilios y pequeñas figuras de barro cocido. Cerca del 800 a.C. se inicia un lento despertar, en el que surgen en las tierras bajas del sur varios asentamientos de importancia, como Nakbé, El Mirador, San Bartolo y Cival. En la sierra guatemalteca prospera Kaminal Juyú, que produce jade y obsidiana para el Petén y las costas bajas del Pacífico; mientras que los principales productores de cacao en el 600 a.C. son Izapa, Takalib Abaj y Xocolá (que dio nombre genérico al chocolate).

La paulatina división del trabajo y la importancia que adquirieron los sacerdotes, adivinos y guerreros, fue formando una aristocracia hereditaria, miembros de la cual se proclamaron reyes en varias comunidades durante el siglo III a.C. La instalación de una sociedad jerárquica, con monarcas y nobles privilegiados, trajo agudas desigualdades sociales, pero también favoreció la escritura y las artes. Las primeras inscripciones de textos jeroglíficos han sido fechadas en el año 250 a.C., y a partir de ese momento se inicia un notable desarrollo de la arquitectura, la escultura, el relieve y la pintura, que inaugura el apogeo del periodo clásico.

Un milenio de esplendor

Con algunas diferencias entre los distintos centros, el periodo clásico dio comienzo entre los años 300 y 200 a.C., y se extendió hasta el 900 de la presente era. Su principal característica es la combinación de un urbanismo geométrico con una imponente arquitectura monumental, ambos basados en el conocimiento y el culto religioso del cosmos. El principal marco geográfico fue el de las tierras bajas del sur, donde se levantaron grandes ciudades independientes y centros religiosos, rodeados por aldeas de artesanos y campesinos que practicaban una agricultura intensiva. Entre estos grandes núcleos urbanos pueden mencionarse Tikal, Palenque, Copán y Calakmul, pero también prosperaron otros menos conocidos, como Dos Pilas, Altun Ha, Bonampak o Uaxactun. Los arqueólogos disponen de menos datos sobre el desarrollo de los

centros del norte de la península en ese periodo, con excepción del asentamiento pionero de Uxmal, y algunas referencias a ciudades menores como Chunchukmil y Oxkintok.

Los temas de la gran mayoría de las obras, ya sea una pirámide o un vaso pintado, son la vida y hazaña de los personajes reinantes, y la hagiografía de los dioses. Hubo también textos escritos, diseños de los calendarios, y mapas astrales, de los que se conservan unas escasas muestras. *(Continúa en la pág. 192.)*

Mujer amasando pan. La mujer de la casa se levantaba antes del amanecer a preparar un desayuno de cacao y tortillas de maíz.

CRONOLOGÍA DE LA CIVILIZACIÓN MAYA

Era de antes de Cristo (a.C.)

10000 Primeros asentamientos de cazadores-recolectores en Mesoamérica.

3113 Creación del mundo de acuerdo con la Cuenta Larga.

2600 Comienzo de la civilización maya según la historia oficial.

2000 Auge de la civilización Olmeca, de gran influencia sobre la cultura maya. Asentamiento de campesinos en aldeas agrícolas.

700 La escritura jeroglífica se extiende por Mesoamérica.

400 Los mayas utilizan los primeros calendarios solares conocidos, grabados en piedra. Es probable que ya los usaran con anterioridad, registrados en otros soportes menos duraderos.

300 Formación de las sociedades jerárquicas, gobernadas por nobles y reyes.

100 Fundación en el Valle de México de la ciudad sagrada de Teotihuacan, que durante varios siglos será el centro religioso, cultural, comercial y político de Mesoamérica.

Era después de Cristo (d.C.)

100 Se inicia el declive de los Olmecas.

400 Teotihuacan conquista los centros de las tierras altas, donde comienza una paulatina destrucción de la cultura y la lengua maya.

500 Tikal se erige en el primer gran centro de los mayas, en razón de la influencia teotihuacana en las armas de combate, el trato a los prisioneros y los sacrificios humanos.

600 La brusca caída de la civilización y el imperio de Teotihuacan, convierte a Tikal en la mayor ciudad estado de Mesoamérica, con más de 500.000 habitantes.

683 Muerte a los 80 años de Pakal II, que es sepultado en la cripta subterránea del Templo de las Inscripciones en Palenque.

751 Se inicia la ruptura de las tradicionales alianzas de las ciudades mayas, como la liga de Mayapán, que culminará con enfrentamientos armados entre ellas.

869 Cese de nuevas construcciones en Tikal, que indica el inicio de su decadencia.

899 Los habitantes de Tikal abandonan la ciudad.

900 Fin del periodo clásico y brusco declive de la civilización maya en el sur de las tierras bajas de Yucatán. Las ciudades del norte continúan subsistiendo y algunas prosperando, aunque su cultura se mezcla con la de otros pueblos invasores o migratorios, como los toltecas o los itzaes.

Costumbres y vida cotidiana

Los mayas del periodo clásico eran en su gran mayoría familias campesinas, cuyo día a día transcurría entre los campos de cultivo y la casa familiar. Ésta era una cabaña o choza rectangular de unos 20 metros cuadrados, con sostenida por una armazón de troncos y ramas consistentes. Las paredes estaban formadas por varas unidas con tallos de bejuco y recubiertas con un adobe de barro seco. La estructura del techo se cubría con hojas de la palma llamada corozo y se aislaba con una pasta de guano. En un rincón se situaba un hogar formado por un triángulo de piedras, y se dormía en esteras o en hamacas colgantes.

La mujer de la casa se levantaba antes del amanecer a preparar un desayuno de cacao y tortillas de maíz para una familia que tenía entre 5 y 7 miembros. El hombre y los hijos mayores tomaban esa comida y salían a trabajar la tierra, para regresar a media tarde. Cultivaban tanto la huerta adjunta a la casa como el terreno de su propiedad, colaborando asimismo en las labores de la tierra de propiedad común. Aparte de las tareas estacionales de siembra y cosecha, su trabajo podía consistir en drenar una zona pantanosa, levantar muretes de tierra para contener el agua, o abrir acequias para conducirla a los sembrados. Antes de emprender el regreso solían dedicarse a cazar pájaros con cerbatanas de caña y perdigones de arcilla, o a revisar las trampas que habían instalado. Cada tanto se organizaban cacerías de presas mayores, como jabalíes, venados, o el peligroso jaguar, para las cuales actuaban en grupo utilizando lanzas con puntas de piedras afiladas.

Al terminar la jornada los hombres tomaban un baño caliente, ya fuera en la casa o en albercas comunitarias. Mientras tanto la mujer había preparado la comida principal, que podía consistir en los infaltables tamales de maíz, habas negras, choclos a la brasa, y en ocasiones carne asada de conejo o de aves, y se acompañaba de un espeso licor tibio de maíz llamado *atole*. Antes de servirse, el padre acostumbraba a presidir una breve ceremonia de oraciones y cantos, que a veces incluía una leve incisión como ofrenda de sangre. Por la noche, antes de acostarse, el hombre y sus hijos mayores preparaban sus utensilios para el día siguiente, o trabajaban en algún tipo de artesanía en madera o arcilla, mientras la madre, que había acostado ya a los niños, trenzaba cestos, hilaba algodón en un huso o lo tejía en un rudimentario telar. Con esos tejidos confeccionaba ropas prácticas y sencillas: una túnica suelta de tipo talar para las mujeres, y para los varones una camisola más corta que llevaban sobre un taparrabos. Ambos sexos acostumbraban a lucir collares, pulseras u otros abalorios en las ceremonias religiosas y ocasiones especiales, aunque no llegaban a competir con las lujosas vestimentas enjoyadas y los aparatosos cubrecabezas de los empavonados sacerdotes y aristócratas.

Los nacimientos, bodas y funerales eran los momentos más solemnes en la vida familiar. Entre los tres y cuatro meses de su llegada al mundo, el bebé maya pasaba por una ceremonia iniciática llamada *hetzmek*, destinada a incorporarlo a la comunidad y a su fe, insuflándole los valores espirituales y morales que debería mantener en toda su vida. Este ritual era oficiado por un chamán «guardián de los nombres», que bautizaba al niño con el que correspondía al día de su nacimiento. Luego los padres le adjudicaban un apodo familiar, que se utilizaría comúnmente para llamarlo, y finalmente se agregaba una suerte de apellido, correspondiente al linaje de sus antepasados. Si se trataba de un niño de las castas superiores, se le oprimía el cráneo con un armazón de tablillas para darle forma oval, y se le colgaba una bolita de arcilla sobre la nariz para promover una bizquera centrípeta. Ambas operaciones tenían como fin dotar al infante de unos curiosos criterios de belleza, aunque algunos autores heterodoxos suponen que la opresión del cráneo propiciaba la sabiduría y la precognición.

En el primer milenio de nuestra era ni siquiera en Europa había surgido aún el romanticismo, y los mayas ignoraban los conceptos de amor eterno o amor pasional. Por lo tanto el matrimonio era para ellos un contrato bendecido por los dioses, para reproducir las generaciones y organizar la comunidad en núcleos familiares. Subsidiariamente era una forma controlada de satisfacer la sexualidad juvenil, y se esperaba que los esposos mantuvieran un mutuo respeto y cierto cariño cimentado por la necesidad y la costumbre. Por regla gene-

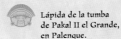

Lápida de la tumba de Pakal II el Grande, en Palenque.

ral las niñas se casaban a los 14 años y los varones después de los 18. El casamiento se acordaba entre la familia del novio y una casamentera más o menos profesional. Al confirmarse el contrato la familia de la novia debía ofrecer una dote, así como hacerse cargo de los gastos de la ceremonia nupcial, que se celebraría en su casa. Las bodas mayas tenían una fuerte carga simbólica, expresada en una sabia mezcla de misticismo y festejo. Los cánticos acompañados de música rítmica de caracolas, flautas, sonajas y tambores creaban un ambiente de espiritualidad, para que el sacerdote chamán recitara sus preces y ejecutara el ritual. Este podía diferenciarse en los detalles, pero su significado esencial e invariable era la comunión espiritual de los novios y la veneración de los dioses y los elementos de la naturaleza. El oficiante honraba a la tierra, el agua, el fuego y el viento, a la energía superior del Cosmos, y a la Madre Tierra. Luego se entregaban las ofrendas a los dioses, consistentes en maíz, tortillas, y cacao en grano y en polvo. Finalmente los contrayentes intercambiaban esos elementos: el novio le entregaba a la novia el maíz, símbolo de la fecundación, y los granos de cacao que significaban la prosperidad (en ciertas regiones se solían emplear como moneda de cambio). Ella le correspondía con el cacao en polvo, que representaba a los hijos que daría al matrimonio, y las tortillas, que aludían a su total dedicación a la alimentación y cuidado del hogar. Las promesas nupciales no incluían el amor, ni tampoco la fidelidad, que quizá se les suponía. Los nuevos esposos pasaban a vivir un tiempo con los padres de ella, y luego se les permitía instalar su hogar.

Mientras el bautizo y la boda eran en el fondo ceremonias semejantes para las clases altas y los campesinos (con las diferencias que se pueden suponer), los funerales marcaban claramente la división insalvable que separaba a la sociedad maya. La muerte de un rey era motivo de unas colosales honras fúnebres y un luto general que podía suponer la inmolación de familiares y sirvientes. La tumba se situaba en una colosal pirámide o un gran mausoleo, a veces junto a una estela de piedra que narraba la vida y hazañas del personaje difunto. Su cadáver yacía, junto a abundantes alimentos para el viaje al más allá y valiosos regalos para ofrecer a los dioses, en un lujoso sarcófago enjoyado cuyo ejemplo más conocido es nuevamente el de Pakal el Grande. Los finados de las castas sacerdotales y aristocráticas gozaban, si así puede decirse, de una versión más modesta pero siempre ostentosa de esas pompas reales. Por el contrario, los campesinos se inhumaban con un sencillo responso bajo el suelo de su choza o en el terreno que la rodeaba, ya que su vida y su muerte habían estado estrechamente ligadas a la tierra. (Continúa en la pág. 198.)

EL ESCENARIO NATURAL

El territorio en el que surgió y se desenvolvió la civilización maya es una amplia región que abarca las tierras altas, en las estribaciones de la Sierra madre del Sur, y las tierras bajas y llanas de la Península del Yucatán. Entre ambas se abre una zona intermedia formada por el bosque tropical del Petén y la selva de Lacandona. Por el Petén fluye el Usumacinta, el río más largo y caudaloso de Centroamérica, que va a desembocar en el Golfo de México. La vegetación es abundante y variada, como corresponde al clima húmedo tropical. Los árboles más apreciados son la caoba, la Ceiba, el cedro, y el chicozapote, así como las palmas guano y corozo, empleadas por los mayas para techar sus cabañas y en labores de cestería. La fauna abarca un amplio abanico de especies, presidida por el jaguar, felino sagrado representado en numerosas esculturas y bajorrelieves; los venados y jabalíes, piezas de caza y platos selectos de la cocina maya; una gran variedad de serpientes, caimanes y lagartos; así como aves tropicales cuyo colorido plumaje formaba parte de los adornos y cubrecabezas ceremoniales de reyes y sacerdotes.

En los bajorrelieves y pinturas los antiguos mayas muestran un aspecto físico robusto y musculoso. Es probable que esa complexión se debiera a la dieta rica y variada que obtenían de su entorno. Aunque el maíz fuera su alimento básico, al punto de considerarlo sagrado, no era ni mucho menos el único. Se ha dicho ya que consumían la carne de sus presas de caza, así como los peces que pescaban en los ríos y lagos, o en las costas marinas donde también obtenían varios tipos de mariscos. En sus excursiones extraían miel de las colmenas silvestres, aprovechando también la cera de las abejas. Aunque no disponían de metales, fabricaban navajas, cuchillos y puntas de flecha con la obsidiana que extraían en las tierras altas, junto a la valorada jadeíta, con la que elaboraban joyas y máscaras, o la pirita pulida que les servía para los espejos. Otros utensilios y objetos de adorno se hacían con huesos, astas, colmillos y garras de animales, conchas marinas y maderas como la caoba, mientras que las pieles se utilizaban para el calzado, prendas de abrigo o capas ceremoniales.

En el Petén y las tierras bajas extraían las cortezas de higuera y otros árboles para confeccionar papel, cortando los troncos y ramas para el maderamen de la construcción. El sílex se empleaba para herramientas especiales, como puñales rituales, puntas de lanza o cinceles y punzones para esculpir los bajorrelieves y trabajar los bloques y ladrillos de sus construcciones. La magnificencia de sus monumentos fue posible gracias a los yacimientos de piedra caliza, que partían con martillos de calcedonia.

Chicozapote. *Pistacia Lentiscus.*

Las dos decadencias

Aunque se suele designar a la caída de esa gran civilización mesoamericana como «el colapso maya», en realidad ocurrió en dos etapas diferenciadas en el tiempo y en el espacio. La primera sucedió en el año 900, cuando por las ignotas razones que tanto se han debatido, los mayas del sur abandonaron súbitamente sus ciudades dando fin al periodo clásico. La segunda decadencia se sitúa en el 1200, con el dominio de los toltecas, que significó la desaparición de las dinastías del norte. Desde cierto punto de vista puede decirse que la caída no fue total, porque algunos centros periféricos continuaron su vida normal hasta la llegada de los españoles, a principios del siglo XVI.

La ardua conquista del Yucatán

En 1517 la expedición de Francisco Hernández de Córdoba fue cordialmente recibida por los pobladores de la Isla Mujeres, frente al actual Cancún. Pero cuando cruzó a la península resultó totalmente derrotado en la batalla de Champotón. El segundo intento, emprendido al año siguiente en la misma costa, corrió a cargo de Juan de Grijalva, que también resultó vencido. Finalmente en 1519 llegó Hernán Cortés, que recorrió el litoral yucateca hasta la boca del río que hoy lleva el nombre de Grijalva, una vez más en la región de Campeche. Remontó el curso fluvial hasta Zentla, donde consiguió vencer la tenaz resistencia de los pobladores. Como señal de sumisión, estos obsequiaron a los españoles veinte doncellas, entre las cuales se encontraba la Malitzin, que pronto sería la amante americana del conquistador extremeño.

Las naves españolas continuaron su itinerario orillando el Golfo de México hasta el puerto de San Juan de Ulloa, donde se encontraron con los emisarios de Moctezuma. Cortés cambió de planes para dirigirse a Tenochtitlán o sea a México, a entrevistarse con el emperador; pero esa es otra historia.

Las poblaciones de Yucatán siguieron siendo gobernadas por los jefes locales, hasta la llegada en 1527 de Francisco de Montejo, que tras dos intentos de conquista dejó nuevamente el territorio en manos de los mayas. Pero Montejo era un hombre tenaz y en 1540, ya casi anciano, regresó a Yucatán acompañado de su hijo y al mando de una aguerrida tropa. Instaló su cuartel general en la ciudad maya de Tho, que rebautizó como Mérida. El jefe de los Xiu de Maní, convertido al cristianismo, unió sus fuerzas a las de Montejo, y esa alianza consiguió en 1546 que toda la península yucateca quedara sometida a la Corona de España. Sin embargo las revueltas y levantamientos locales continuaron durante mucho tiempo.

A diferencia de los Aztecas o los Incas, los mayas del siglo XVI no constituían un imperio con una gran capital y centro político, ni los gobernaba un único soberano comparable a Moctezuma o Atahualpa. De modo que la conquista de una ciudad no aseguraba el control de todo el territorio, ni la prisión o ejecución de un gran jefe suponía la sumisión de los otros gobernantes. En su esfuerzo por incorporar el Yucatán a su imperio colonial, España invirtió una gran cantidad de hombres, armamento y dinero, con resultados inciertos. Las ciudades ocupadas se rebelaban en cuanto tenían ocasión, y cuando los españoles corrían a sofocar un levantamiento, otra ciudad se sublevaba a sus espal-

Francisco de Montejo (1479 - 1553).
Conquistador español nacido en Salamanca. Participó en la expedición de Cortés, y más tarde obtuvo autorización de la Corona para hacerse cargo de la conquista de Yucatán. Llegó a esas costas en 1527 pero su incursión hacia el interior chocó con la bravía resistencia de los mayas, que lo derrotaron en Chichén Itzá, mientras su hijo seguía avanzando desde la costa. Montejo intentó una nueva penetración desde Honduras, pero fue rechazado nuevamente. Fue su hijo quien conquistó finalmente el Yucatán, y Montejo pasó a gobernar el nuevo territorio. Acusado de ciertas irregularidades, fue desposeído de sus cargos y regresó a España. Murió en Sevilla en medio de la mayor pobreza.

DOS NÁUFRAGOS ANTAGÓNICOS

El primer contacto entre los mayas y los españoles fue totalmente casual y bastante curioso. En 1511, un navío que navegaba por aguas del Caribe fue sorprendido por una fuerte tormenta que lo arrastró hacia el Golfo de México, donde acabó hundiéndose. Solo dos sobrevivientes del naufragio consiguieron alcanzar a nado la costa oriental de la península de Yucatán, donde fueron recogidos por los nativos. Según cuentan las crónicas, más tarde cada uno de ellos se adhirió a un bando distinto: Jerónimo de Aguilar fue intérprete de Hernán Cortés, mientras que Gonzalo Guerrero, haciendo honor a su apellido, asesoró al jefe de Chetumal en el arte del combate.

das. En un principio los adelantados y capitanes luchaban con denuedo, impulsados por las historias de las grandes riquezas que podrían rapiñar. Pero en el Yucatán no había casi oro ni plata, y las joyas de los tesoros reales no ostentaban esmeraldas ni rubíes, sino modestas piezas de jadeíta u obsidiana. Cuando los conquistadores tuvieron noticia de las fabulosas minas de México central y el Perú, buscaron esos rumbos abandonando una vez más el Yucatán. La conquista definitiva fue prolongada y debió superar una persistente resistencia. A finales del siglo XVII aún quedaban en las tierras bajas del sur dos centros mayas que conservaban su independencia: la ciudad de Tayasal, enrocada en una isla del lago Petén Itzá; y el centro couoh (*ko'woj*) de Zacpetén, al borde de un pequeño lago muy próximo. Los españoles consiguieron someter a esos pueblos en 1697, culminando así la conquista de todo el territorio maya.

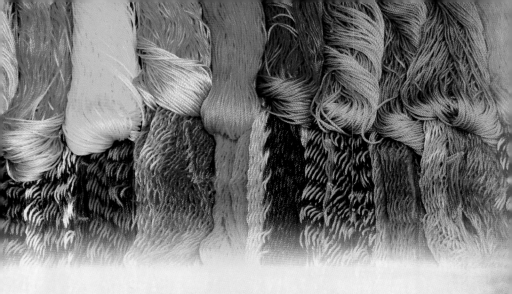

El periodo colonial

La principal característica cultural del periodo colonial fue la expansión del catolicismo, que impregnó la vida y las costumbres en las provincias españolas del Nuevo Mundo. Una vez que hubo destruido los textos sagrados de los mayas, la Iglesia persiguió a los sacerdotes y chamanes e impuso por la fuerza la religión católica, a veces con episodios de violencia. Esto generó un fenómeno semejante al de los judíos sefardíes de España, obligados a convertirse por la política de los Reyes Católicos. Muchos de estos cristianos nuevos, llamados despectivamente «marranos», fingían seguir la doctrina y la liturgia de la Iglesia, pero continuaban practicando su culto en secreto. Los mayas siguieron una variante del mismo engaño forzoso, adorando a sus dioses tradicionales a través de las imágenes del santoral católico. Ese particular sincretismo se mantuvo a lo largo de más de tres siglos de dominación hispánica.

Los funcionarios, encomenderos y aventureros llegados de la Península, se instalaban mayoritariamente en las ciudades coloniales, como Mérida, Vallado-

 La importancia de la «fibra sisal» ha llegado hasta nuestros días. Muchas de las piezas artesanales que se tejen en los territorios mesoamericanos están realizadas en sisal de vivos colores.

lid y Campeche en el Yucatán; o San Cristóbal de las Casas, capital de Chiapas hasta 1892. Los invasores tuvieron la astucia de invitar a las elites de nobles y guerreros mayas a formar parte de la administración local, para así ganarlos para su bando. Eso les permitió utilizar como esclavos en sus haciendas a gran número de campesinos indefensos, y al resto sumirlos en una masa anónima que no merecía ninguna atención. Debe decirse que la propia capitanía yucateca era a su vez desatendida por las autoridades del Virreinato de Nueva España, por la ausencia de metales preciosos, la relativa dispersión de su población y la escasez de tierras para cultivos masivos de exportación, como el café y el azúcar, que solo se cultivaban en una escala relativamente pequeña en las regiones costeras de Chiapas y Guatemala. No obstante el Yucatán aportaba a las arcas del Virreinato los impuestos que pagaban los hacendados y el diezmo que recogían las muchas parroquias de la región. La escasa producción agraria exportable a Europa llegó a bajo mínimos a causa de las epidemias de malaria y otras enfermedades tropicales, y las dificultades prácticas para extraer minerales del suelo pantanoso decepcionaron a los consignatarios de minas. Estos fueron los primeros en marcharse en busca de mayor fortuna, y tras de ellos los encomenderos de explotaciones agrarias, mientras los funcionarios se permitían largas ausencias en sitios más atractivos, para descansar de no hacer casi nada en el Yucatán. Esa falta de interés por la región hizo que los pobladores mayas de la zona pudieran administrarse en forma casi autónoma y disfrutar de una vida relativamente libre.

Al iniciarse el siglo XVIII se produjo un notable auge del comercio marítimo, junto a numerosas batallas navales de las potencias europeas entre sí y contra el Imperio Otomano. Esa situación creó una gran demanda de cordajes para los aparejos de una nueva generación de grandes navíos, así como para el aumento de la actividad en los puertos de todo el mundo. La principal materia prima de los cabos marineros era una familia de plantas fibrosas americanas denominada henequén *(Agave fourcroydes),* que los mayas llamaban *Ki* y conocida popularmente como «fibra sisal». En Yucatán crecían silvestres diversas variedades de henequén, que fueron la base de inmensas plantaciones establecidas por los españoles en todo el norte de esa península. Pero el afán de ganancias

 Esta moneda acuñada en el siglo XIX podría considerarse un signo más del particular sincretismo entre la cultura del territorio maya y la de los invasores.

de esos plantadores produjo serios daños a la población local. Los campesinos mayas mantenían una economía de subsistencia cultivando maíz y productos de huerta en terrenos que eran compartidos por los miembros de las comunidades. Los plantadores consiguieron que esas tierras fueran expropiadas para agregarlas a sus explotaciones de fibra sisal, y los antiguos propietarios fueron obligados a trabajarlas en régimen de esclavitud. Esa situación motivó una rebelión general en toda la zona, que se inició en 1847 y los españoles no pudieron reprimir durante ocho años de duros combates. Finalmente consiguieron conservar sus plantaciones, pero acotadas entre vastas zonas en manos de los mayas, que permanecieron al margen del control gubernamental después de la independencia de Guatemala en 1821 y la de México dos años más tarde. Ese aislamiento de hecho continuó durante todo el siglo XIX.

El conflictivo siglo XX

Durante las primeras décadas de la siguiente centuria, las cosas no cambiaron demasiado en el territorio maya. La sociedad se dividía por una parte entre los hispanohablantes españoles y criollos, incluyendo los indios asimilados o ladinos[*]; y por la otra parte en el mucho mayor número de hablantes en lengua maya. Los primeros vivían en las bonitas ciudades heredadas de la época colonial, y se dedicaban a la política, la administración, o el comercio, aparte de ser dueños de las tierras y de todo lo que tuviera algún valor. Los campesinos, como siempre, vivían en aldeas rurales y cultivaban las plantaciones de los amos y la precaria subsistencia de sus familias.

En pocas sociedades ha sido tan marcada y acotada la división en solo dos clases: una privilegiada y otra desfavorecida, sin nada de por medio. No obstante esta incomunicación, fruto también de la latente animosidad mutua, había ciertas relaciones imprescindibles entre ambos grupos. Entre ellas la gestión práctica de las plantaciones, confiada generalmente a capataces ladinos; el consumo al menudeo en mercados indígenas de la población «blanca» menos pudiente; y en su momento, las levas gubernamentales o revolucionarias para incorporar combatientes de a pie a sus respectivas fuerzas.

Como en los tiempos antiguos, el crecimiento demográfico de la comunidad maya requirió la expansión e intensificación de los cultivos, con la consecuente erosión de los suelos fértiles y la deforestación indiscriminada de la región. Las cosechas ya no ofrecían un beneficio económico compartible, ni daban abasto para la milenaria autosuficiencia alimentaria del campesinado. Muchas comunidades debieron reconvertir su producción agraria, recuperan-

---

[*] La palabra «ladino», deformación de «latino», designa en Guatemala a los indígenas que hablaban español para integrarse en la sociedad hispánica. El término no tiene relación con el español antiguo que hablaban y hablan los judíos sefardíes.

do y modernizando artesanías tradicionales para colocarlas en el mercado. Uno de los grandes éxitos de ese intento fueron los coloridos tejidos de algodón de las tierras altas de Guatemala. La importancia de esos productos, apreciados tanto en el comercio local como a nivel internacional, resaltó el papel de las mujeres en la economía de las comunidades mayas. Al promediar el siglo XX, la expansión de las plantaciones de café (que ya no utilizaban esclavos sino trabajadores estacionales) y la mejora de las comunicaciones en el territorio maya, ofrecieron nuevas y crecientes oportunidades para el empleo asalariado y el comercio en pequeña y mediana escala.

Esa mayor integración en las economías nacionales, aún siendo bastante relativa, llevó al abandono de algunos rasgos étnicos distintivos, como las prácticas religiosas, la lengua vernácula y la vestimenta. Gran número de descendientes de los mayas se hicieron indistinguibles de otros nativos asimilados, y todos siguieron ocupando la franja más baja de la sociedad. No obstante subsistieron las tradicionales comunidades de economía autónoma, que por el contrario utilizaban esos signos étnicos como señal de identidad. Ante tal resistencia a abandonar su cultura original, las dictaduras militares que gobernaron Guatemala en buena parte de la segunda mitad del siglo XX desplegaron violentas campañas para disuadir a esas comunidades mayas. En la déca-

Rigoberta Menchú.
Miembro de la comunidad maya más numerosa de Guatemala, los Mayas Kiché, Rigoberta Menchú nació en Uspantán en 1959. Según su relato, el asesinato de su padre y sus hermanos por la dictadura, junto a su fe inspirada en la teología de la liberación, la llevaron a denunciar al mundo la desesperada situación de su pueblo. Por esa labor fue designada embajadora especial de la Unesco, obtuvo el Premio Nobel de la Paz en 1992 y el Príncipe de Asturias en Cooperación Internacional de 1998.

da de 1970 la represión del ejército alcanzó cotas de auténtico terror, con la excusa de que los indígenas tenían una estrecha vinculación con la guerrilla. Se arrasaron sus cultivos, se prohibió usar su lengua y sus ropas tradicionales; hubo millares de muertos y desaparecidos, mientras los exiliados a México y Estados Unidos se contaban por cientos de miles. Otros escogieron el camino de la insurrección armada en una organización guerrillera, que fue prácticamente aniquilada por la dictadura. En 1981 surgió una denuncia pacífica y universal liderada por Rigoberta Menchú, una maya kiché refugiada en México después del asesinato de toda su familia. Aunque el relato de su biografía ha sido objeto de controversia, sus campañas a favor de la reivindicación de su pueblo y su cultura llevaron la desesperada situación de los mayas a un primer plano mundial. La restauración de la democracia parlamentaria guatemalteca en 1986, aún con altibajos, no mejoró mucho la situación de los descendientes de los antiguos mayas, convertidos en objeto de la curiosidad turística.

En México, los mayas del estado de Chiapas soportaban una situación igual o peor que sus iguales de Guatemala. El 1 de enero de 1994 hace su aparición en escena el Ejército Zapatista de Liberación Nacional (EZLN), en

Subcomandante Marcos.
Líder de la organización guerrillera EZLN, que protagonizó un intento de dignificar a las comunidades indígenas. Aunque siempre se presentó en público enmascarado, el Gobierno Mexicano asegura que es el ex profesor de filosofía Rafael Guillén Vicente, nacido en Tampico el 19 de junio de 1957 en una familia de ascendencia hispana. Se presume que en su juventud vivió un tiempo en Barcelona, trabajando en los almacenes de El Corte Inglés. Ha declarado que su ideario no es marxista, aunque se inspira en el revisionista italiano Antonio Gramsci y admira a Emiliano Zapata y al Che Guevara.

la figura de un líder enmascarado que se hace llamar Subcomandante Marcos. El EZLN, presunta formación armada del Frente Zapatista (FZLN) consigue provocar varios levantamientos, ocupaciones, y manifestaciones populares masivas que reclaman la atención y dignificación de las olvidadas comunidades indígenas, en gran medida gracias a las encendidas arengas mesiánicas del Subcomandante. Este encabeza una marcha multitudinaria que, entre el 24 de febrero y el 11 de marzo de 2001, avanza a pie desde Chiapas hasta México D.F. para presentar sus reclamaciones al nuevo presidente Vicente Fox y al Congreso. En esa y otras ocasiones siguientes el Gobierno y el EZLN llegan a sucesivos acuerdos, incluyendo una ley de 1996 que reconoce los derechos de los diez millones de indígenas mexicanos. Pero la norma queda en papel mojado, Marcos rompe las negociaciones, y declara que continuará con la lucha revolucionaria. Una lucha que, con el paso del tiempo, se ha tornado en una oratoria testimonial.

 El monumento de Chichén Itzá denominado El Caracol, en referencia a su escalera interior, probablemente fuera usado como observatorio. Estrellas y planetas pueden verse a través de determinadas ventanas en ciertas fechas.

Los mayas del siglo XXI

> No somos mitos del pasado, ruinas en la jungla,
> ni zoológico. Somos personas y queremos ser respetadas,
> no ser víctimas de la intolerancia y el racismo.
> **Rigoberta Menchú**

La civilización maya desapareció hace más de mil años, pero el pueblo que forjó su grandeza aún vive en las tierras que habitaron sus antepasados. Según la demografía antropológica, hay más de 6.000.000 de mayas en Guatemala, México y Belice, sin contar otro millón que vive y trabaja en los Estados Unidos. Esos mayas se debaten entre una difícil asimilación a la cultura y costumbres del siglo XXI, y la aún más ardua conservación de sus creencias y tradiciones.

En las aldeas que se reparten por distintos rincones de la ancestral Mesoamérica, las cabañas de siempre comparten la calle central (y a menudo única) con unas pocas casas humildes de ladrillos y tejados de zinc, a veces una vieja iglesia colonial o una modesta escuela. De los techos asoma alguna antena de televisión, que se yergue entre los cables aéreos que llevan la electricidad de poste en poste. De las ventanas o las puertas abiertas salen voces o músicas de las infaltables radios. En las poblaciones mayores suele haber una gasolinera, un par de bares, o un cine. En los caminos circulan coches y camiones que cubren de polvo a los que marchan a pie por los arcenes de tierra. Muchos han adoptado la vestimenta occidental, pero otros llevan aún sus ropas típicas. Sobre todo las mujeres, que no necesitan vestirse como sus congéneres que trabajan en los pueblos y ciudades.

 La invasión turística, lejos de deteriorar las costumbres tradicionales, ha colaborado en gran medida a su conservación y su práctica.

Pese a esas muestras de modernidad, el denominador común es la pobreza. Los campesinos mayas nunca fueron ricos, ni siquiera en los tiempos antiguos del gran esplendor de sus ciudades. Pero entonces integraban y sostenían una avanzada civilización, compartían con los poderosos una religión que los unía, y todos vivían de sus cultivos y de una naturaleza rica y exuberante en un país que les pertenecía. Los mayas actuales no gozan de esos beneficios, ni de otros que los hayan reemplazado. Sus conciudadanos, ricos o pobres, criollos o ladinos, no los reconocen como iguales; la Iglesia los trata como feligreses de segunda, siempre sospechosos de paganismo; las empresas se niegan a ofrecerles empleo; y los gobiernos directamente los ignoran.

Tradición, religión y... turismo

Desde los tiempos de la conquista española los mayas han ofrecido una tenaz resistencia a la penetración cultural de la presencia europea. En la actualidad esa repulsa ofrece dos extremos: el esfuerzo por integrarse en la vida del país, manteniendo sus rasgos culturales esenciales; o el total rechazo de lo occidental, que conserva a ultranza los usos y costumbres tradicionales. La primera opción ha obtenido, por ahora, resultados puntuales y poco significativos para una verdadera integración. El tradicionalismo, refugiado fundamentalmente en la región montañosa de las tierras altas, logra su propósito a costa de un riesgoso inmovilismo y un aislamiento que convierte a las aldeas de barro y palma en auténticos guetos, anacrónicos y cerrados.

Los que han optado por la integración no son fáciles de distinguir de los ladinos y otros nativos asimilados, aunque los expertos puedan advertir algunos rasgos o reconocer su habla cuando están entre ellos. Por el contrario, la población maya que podríamos denominar más «auténtica», es una fuente inesperada para el estudio en directo del pasado por parte de los mayanistas. Allí se visten las ropas típicas, como los *huipiles* o blusas femeninas con coloridos bordados; se habla exclusivamente en lenguas del vasto tronco maya; se cultiva el maíz en *milpas*, y se cosecha por el antiguo sistema de arrancar las panochas y quemar los rastrojos.

El culto cristiano ya no es fingido, sino que ha devenido en un sincronismo sin fisuras. Cristo crucificado es también el dios solar, y los santos de las imágenes representan deidades y poderes que nada tienen que ver con las que les atribuye la Iglesia de Roma. Los chamanes ejercen su magisterio, tanto haciendo de curanderos, bautistas y exorcistas, como en su rol de «Guardianes de los días» que marcan y presiden los rituales de los 260 días del calendario *tzolkin*, tratando de acomodarlos a las fiestas católicas. La adivinación sigue siendo una de sus virtudes más populares, y en las comunidades menos estrictas la ofrecen también a peregrinos no mayas y a turistas extranjeros.

Junto a los popes religiosos hay también líderes civiles, que se ocupan de los problemas de la comunidad, de organizar las tareas, presidir las reuniones y, sobre todo, de su financiación. Cuanto más dinero va aportando un individuo a los fondos comunes, más asciende en el escalafón social, y más posibilidades tiene de llegar a ser líder. En los últimos años esos jefes naturales se han ocupado en abrir prudentes relaciones con el resto del mundo, especialmente con las administraciones locales, las organizaciones de apoyo y ayuda a los pueblos indígenas, y —todo hay que decirlo— con las agencias de turismo. Este sector ha entrado con mucha fuerza en la región, al combinar la moda maya de norteamericanos y europeos, con la proximidad de las espléndidas playas del Yucatán, en una oferta que las agencias promocionan como «Ribera Maya».

La invasión turística, lejos de deteriorar las costumbres tradicionales, ha colaborado en gran medida a su conservación y su práctica. Claro que los más ortodoxos, sobre todo los ancianos, opinan que las celebraciones tienen más de espectáculo *«for export»* que de espiritualidad religiosa. Aun así, los oficiantes y participantes cumplen en esos momentos con sus sentimientos y con las liturgias del culto; y los turistas suelen ser respetuosos, cuando no llegan a un cierto éxtasis místico provocado por los gestos de los chamanes en sus imponentes trajes ceremoniales, la música, los tambores, las danzas y los cánticos, en el contraluz que dibujan las llamas de las velas. Por otra parte, su aporte a la economía regional es bastante substancioso, incluyendo el auge de la hostelería y la restauración con matices mayas en las pintorescas ciudades coloniales. Por supuesto, los gobiernos han dejado de reprimir esa lucrativa pervivencia de la civilización maya.

Dignidad y esperanza

La situación de los descendientes de los antiguos mayas, tan admirados en los discursos, las ruinas y los museos, parece ir mejorando poco a poco. Los antropólogos culturales, absorbidos por el estudio de la vida y costumbres de los mayas milenarios, no habían advertido que otros mayas les cargaban las maletas o les abrían camino entre la maleza. Para que los científicos sociales y el resto del mundo reconocieran la existencia de esa población olvidada, fue necesaria una tragedia imposible de ocultar.

Se dice que los indígenas que cogieron el fusil y se enmascararon con el pasamontañas negro del FZLN en la década de 1980, fueron fundamentalmente ladinos y mestizos que habían estudiado y trabajado en la sociedad blanca. La represión fue brutal, y las poblaciones mayas quedaron atrapadas entre dos fuegos. Fueron aniquiladas 150.000 personas y otras 40.000 contadas como desaparecidas. Hombres, mujeres, ancianos y niños, fusilados a mansalva o quemados vivos en las aldeas incendiadas. Como se explicó en el capítulo anterior, Rigoberta Menchú y el comandante Marcos fueron las principales voces, pero no las únicas, que denunciaron esa terrible masacre y la condición general de desamparo en que vivían los mayas y los otros indígenas de Centroamérica y México. El mundo reaccionó con el habitual escándalo y solidaridad que producen los sufrimientos masivos. Los medios se ocuparon extensamente del tema, y las instituciones internacionales, las entidades de ayuda, y las agrupaciones progresistas, iniciaron campañas para «rescatar» a los mayas de la humillación y la miseria.

Algunos opinan que las celebraciones tienen más de espectáculo «for export» que de espiritualidad religiosa. Aun así, los oficiantes y participantes cumplen en esos momentos con sus sentimientos y con las liturgias del culto.

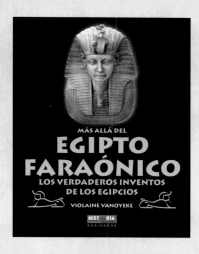

Más allá del Egipto faraónico
Violaine Vanoyeke

¿Los egipcios conocían ya los baños de espuma, el dentífrico y la virtud de las plantas? ¿De dónde viene la distribución del día en veinticuatro horas? ¿Sabían fabricar perfume y tintes para el pelo?

En este libro se nos muestra toda la riqueza cultural que las sucesivas dinastías egipcias a lo largo de sus años de existencia han aportado a la humanidad, así como el modo en que se ha transmitido. Descubre cómo, porqué y cuándo aparecieron algunas de las tradiciones o algunos de los objetos que hoy nos son tan familiares. Una obra que promete algunas sorpresas reveladoras.

Más allá del legado pirata
Ernesto Frers

Desde la lejana Antigüedad hasta las guerras del siglo XX, los piratas, corsarios y filibusteros protagonizaron feroces combates navales para apoderarse de prisioneros esclavos y fabulosos botines.

Descubre la increíble epopeya de los bandoleros del mar, sus grandes capitanes, sus luchas, triunfos y fracasos; su influencia en la historia de los grandes imperios, su declive y su resurgimiento una y otra vez en distintas épocas y diversas latitudes. Este libro nos cuenta esta fantástica y apasionante aventura en una narración amena y rigurosamente documentada.